Teoria e Prática

Justiça Restaurativa para Pessoas na Prisão

Série Da Reflexão à Ação

Barb Toews

Justiça Restaurativa para Pessoas na Prisão
Construindo as Redes de Relacionamento

Tradução
Ana Sofia Schmidt de Oliveira

Título original: *The Little Book of Restorative Justice for People in Prison: Rebuilding the Web of Relationships*
Copyright © 2006 by Good Books, Intercourse, PA 17534

Grafia segundo o Acordo Ortográfico da Língua Portuguesa de 1990, que entrou em vigor no Brasil em 2009.

Coordenação editorial: Lia Diskin
Preparação de originais: Lidia La Marck
Revisão: Rejane Moura
Capa e Projeto gráfico: Vera Rosenthal
Arte final: Jonas Gonçalves
Produção e Diagramação: Tony Rodrigues

Crédito
O diagrama da página 80 se baseia livremente num modelo criado por Paul McCold e Ted Wachtel do International Institute for Restorative Practices. Veja P. McCold, "Toward a Mid-Range Theory of Restorative Criminal Justice: A Reply to the Maximalist Model", Contemporary Justice Review 3 (2000), p.257-414. (O modelo está na p. 401.) Utilizado com permissão dos autores.

Dados Internacionais de Catalogação na Publicação (CIP)
(Câmara Brasileira do Livro, SP, Brasil)

Toews, Barb
 Justiça restaurativa para pessoas na prisão: construindo as redes de relacionamento / Barb Toews; tradução Ana Sofia Schmidt de Oliveira. – São Paulo: Palas Athena, 2019. – (Série Da reflexão à ação)

Título original: The little book of restorative justice for people in prison: rebuilding the web of relationships.

ISBN 978-85-60804-50-4

1. Criminosos – Reabilitação 2. Justiça restaurativa 3. Psicologia penitenciária 4. Vítimas de crimes – Reabilitação I. Título. II. Série.

19-31759 CDD-365.66

Índices para catálogo sistemático:
Justiça restaurativa: Prisioneiros: Ressocialização: Problemas sociais 365.66

1ª edição, dezembro de 2019

Todos os direitos reservados e protegidos
pela Lei 9610 de 19 de fevereiro de 1998.

É proibida a reprodução total ou parcial, por quaisquer meios, sem a autorização prévia, por escrito, da Editora.

Direitos adquiridos para a língua portuguesa por Palas Athena Editora
Alameda Lorena, 355 – Jardim Paulista
01424-001 – São Paulo, SP – Brasil
Fone (11) 3050-6188
www.palasathena.org.br
editora@palasathena.org.br

CONTEÚDO

Agradecimentos 7
1. INTRODUÇÃO 11
   Sobre este livro 13
   Como usar este livro 17
2. A REDE DE RELACIONAMENTOS 19
   Conexão 19
   Desconexão 21
3. O CRIME E A JUSTIÇA CRIMINAL 23
   Desconexão e crime 24
   Desconexão e justiça criminal 25
4. A JUSTIÇA RESTAURATIVA 29
   Questões restaurativas e pressupostos 30
   Elementos-chave da justiça restaurativa 31
   Valores restaurativos 32
5. RECONECTANDO A COMUNIDADE 35
   As necessidades de justiça da comunidade 37
6. RECONECTANDO OS INDIVÍDUOS 43
   As necessidades individuais de justiça 45
7. RECONECTANDO AS VÍTIMAS E SUAS COMUNIDADES
   DE CUIDADO 49
   As necessidades de justiça das vítimas 51
8. RECONECTANDO OS OFENSORES 57
   As necessidades de justiça dos ofensores 60
   Os elementos da responsabilização 61

9. RECONECTANDO AS FAMÍLIAS DOS OFENSORES 67
As necessidades de justiça das famílias dos ofensores.... 69
A família e a vítima do crime 74
Quando a família é a vítima 76

10. PRÁTICAS DE JUSTIÇA RESTAURATIVA 79
Práticas restaurativas 79
Encontros presenciais 82
Círculos 83
Conferências de Grupos Familiares 84
Conferências Vítima-Ofensor 86
Grupos de Diálogo 87
Círculos de Apoio e Responsabilização 89
Um sistema restaurativo 91

11. PRÁTICAS RESTAURATIVAS, JUSTIÇA E PRISÃO 93
Entrando em contato com programas existentes 95
Utilizando práticas restaurativas na prisão 97
"Espaços" restaurativos 98

12. VIVENDO DE FORMA RESTAURATIVA NA PRISÃO 103
1. Entrando no "caminho da cura" 105
2. Adotando valores restaurativos 107
3. Criando um "santuário" 108
4. Caminhando ao lado dos ofensores 109
5. Caminhando ao lado das vítimas 110
6. Caminhando ao lado das famílias dos ofensores 111
Viver de forma restaurativa pelo bem comum 112

Notas 115
Leituras selecionadas 121
Sobre a autora 123

AGRADECIMENTOS

Desenvolvi o material deste livro baseada em meu trabalho com homens e mulheres encarcerados no estado da Pensilvânia, especialmente os que estão nas prisões de Dallas, Graterford, Huntingdon, Muncy, Retreat, Rockview e Smithfield. Eles têm dado apoio e também apresentado críticas à justiça restaurativa. E sempre tiveram muita paciência comigo à medida que eu aprendia com eles para elaborar a minha própria maneira de compreender essa abordagem da justiça.

Este livro não teria sido possível sem a ajuda daqueles que fizeram a revisão das diversas versões dos originais.

Agradeço a todos os que participaram dos grupos de discussão na Pensilvânia: Preston Pfeifly, Derek Smith, Jon Yount, Tony Brown, Tommy Casillas, Steven Sanabria, Kevin Taylor, Judith Pomoroy, Eunika Simms, Linda Crisman, Charmaine Pfender, Sharon Wiggins, Marie Scott, Tonya Krout, Wendy Chiari, John Prichard, Dave Craig, Albert Bandy, Alonzo Watts, Paul Perry e Wayne Covington. Peço desculpas se, inadvertidamente, me esqueci de alguém.

Também sou grata àqueles que participaram dos grupos de discussão na Oregon State Prison: Robert Dietrich, Sam Sophanthavong, Tommie D. Maxwell, Antonio S. Palacios, Kevin Finckel, Roland Gray, Melissa Crabbe, Karuna Thompson,

David Benedicktus, Fred Perloff, William Wood e outros que desejam permanecer anônimos.

Obrigada a Danny Malec, Kirsten Rothrock e Tamara Mihalic, que facilitaram os grupos e fizeram a revisão dos rascunhos. Deixo também os meus agradecimentos aos homens e mulheres que participaram das discussões preliminares em Graterford e Muncy, antes do início da redação deste texto.

Agradeço especialmente a Tanya Krout, Marie Scott, Alonzo Watts, Paul Perry, Preston Pfeifly, Kevin Canady, Michael Moore e Russell Selby, que trouxeram feedbacks importantes a respeito de uma das versões finais. E um agradecimento especial a Steven Palmer, preso em Bellamy Creek Correctional Facility, em Indiana.

Sou grata a Pennsylvania Prison Society, meus chefes e colegas de trabalho que compartilham do meu compromisso e da minha compaixão por aqueles que estão presos. Em particular, obrigada a Bill DiMascio, Betty-Ann Izenman, Naima Black, Ted Enoch e Ann Schwartzman.

E também meu reconhecimento a todos os que leram os originais e me apresentaram alguns questionamentos ao longo do caminho, especialmente Danny Malec; Angela Trop; Kathy Buckley, do Office of the Victim Advocate; Joanne Torma, superintendente adjunta da State Correctional Institution de Muncy, e Jen Alexander.

Agradeço ainda a outros profissionais da justiça restaurativa que não cheguei a conhecer pessoalmente, mas que são autores de trabalhos e obras com os quais muito tenho aprendido. Sou grata em particular a Howard Zehr, por encorajar os meus esforços em expandir a justiça restaurativa de modo a melhor representar as perspectivas daqueles que cometeram delitos, e também por me convidar a escrever este livro.

AGRADECIMENTOS

E, considerando que escrever um livro, mesmo pequeno como este, não é uma tarefa menor, sou muito agradecida a meu marido, Rod, por todo o apoio e tolerância dedicados a mim e ao projeto nos últimos dois anos.

1
Introdução

Uma mulher do outro pavilhão fala de você pelas suas costas. Tudo o que ela diz é mentira. Você tenta ignorar, mas ela continua. O que será que acontece depois?

A pessoa que você ama e que está em condicional subtrai algumas centenas de dólares de um cofre no trabalho. Gasta o dinheiro com drogas. Mente quando questionado por seu chefe. O que será que acontece depois?

Você recebe a notícia de que alguém matou seu irmão ou irmã. Alguns meses depois, você descobre que essa pessoa está na mesma prisão que você. O que será que acontece depois?

Esses dilemas levantam questões sobre justiça. Mas **o que é justiça?**

Dizem que para se fazer justiça é preciso dar uma boa surra à moda antiga, ou vingança, punição, prisão. O sistema de justiça criminal frequentemente entende dessa mesma maneira. O sistema acredita que quem pratica uma infração merece ser punido por seus crimes. Infelizmente, isso resulta numa punição que pode causar ainda mais dano ao ofensor, à vítima, à família do ofensor e à comunidade.

A justiça restaurativa responde à pergunta sobre justiça de um jeito diferente, pois percebe que o crime destrói pessoas e relacionamentos. A justiça, então, deve reparar e reconstruir pessoas e relacionamentos. Alguns homens e mulheres encarcerados definiram a justiça restaurativa da seguinte maneira:

- Ela cura relacionamentos rompidos e abusos, pelas pessoas e para as pessoas;
- Ela constrói ao invés de culpar;
- Ela enfrenta a situação e ajuda os envolvidos a encontrar um espaço de compreensão, de cura e de aceitação uns dos outros;
- Ela trabalha para que a vida seja melhor para os outros e para cada um individualmente.

Alguns dizem que a justiça restaurativa é aquilo que as suas avós lhes ensinaram: respeite a si próprio e aos demais, arrume a bagunça que você fez e trate os outros como gostaria de ser tratado.

A abordagem da justiça restaurativa é diferente da abordagem tradicional da justiça criminal. Seguramente ambas buscam a **responsabilização**, mas cada uma possui um entendimento distinto acerca do que isto seja.

Para se fazer justiça, pessoas e relacionamentos precisam ser reparados.

A justiça restaurativa entende responsabilização como uma forma de lidar com as necessidades das pessoas e de consertar o que está errado. Ao invés de focar principalmente na punição do ofensor, a responsabilização está focada nas necessidades das vítimas bem como nas necessidades e obrigações de quem causou o dano, de seus familiares e das comunidades.

A filosofia restaurativa começa com as vítimas – os danos que sofreram e as suas necessidades de reparação. Ajudar o ofensor a se responsabilizar é um passo em direção da reparação da vítima. O fundamento da justiça restaurativa é a aceitação, por parte dos ofensores, de suas obrigações para com as vítimas.

Além da responsabilização, a justiça restaurativa também oferece uma resposta para as complexas experiências e necessidades do autor da infração. Os indivíduos que cometem um crime, particularmente aqueles que estão presos, se preocupam em especial com:

- as suas próprias experiências de vitimização;
- a sua própria cura e recuperação, tanto por terem causado o dano como por terem sido vitimizados;
- seu envolvimento na identificação e no atendimento de suas próprias necessidades;
- suas famílias;
- a prevenção do crime e a redução da reincidência;
- a justiça social, o poder individual e a habilidade de ter influência na sociedade;
- as maneiras de praticar a justiça restaurativa no dia a dia sem programas formais.

Por meio deste livro convido os leitores a uma discussão acerca de todas as diversas questões de que trata a justiça restaurativa. E àqueles que estão em liberdade, espero que o contato com este material amplie o seu entendimento acerca do que é justiça restaurativa para quem causou os danos.

SOBRE ESTE LIVRO

Este livro nasceu do meu trabalho com justiça restaurativa na Pennsylvania Prison Society, agência sem fins lucrativos dedicada às pessoas presas e às suas famílias,[1] sendo resultado de diálogos mantidos durante anos com mulheres e homens presos, no mais das vezes em seminários de justiça restaurativa. À medida que fomos falando e ouvindo, o programa dos seminários evoluiu para incluir as perspectivas e os interesses dos detentos. Pretendo aqui abordar a justiça restaurativa de uma forma muito similar àquela adotada nos seminários da Prison Society.

Os objetivos desta obra são de duas ordens. Em primeiro lugar, fornecer ao leitor conhecimento suficiente para a prática da justiça restaurativa. Em segundo, para aqueles que abraçam tal filosofia, sugerir práticas restaurativas e formas de aplicá-las tanto na prisão como na vida cotidiana.

O livro está organizado para atender a esses dois objetivos. Os capítulos 2 a 4 fazem uma introdução à filosofia da justiça restaurativa. Os capítulos 5 a 9 apresentam quais são as necessidades de justiça da comunidade, das vítimas, dos ofensores e das famílias dos ofensores. O capítulo 10 apresenta as práticas restaurativas mais comuns. Os capítulos 11 e 12 analisam se e quando essas práticas podem ser utilizadas nas prisões e apresentam a justiça restaurativa como um modo de viver, incluindo sugestões práticas para serem utilizadas durante o período de encarceramento.

O conteúdo deste livro se baseia nos insights e nos conhecimentos dos homens e das mulheres que se encontram nas prisões; eles têm sido os meus mestres e têm alargado a minha compreensão sobre justiça restaurativa. Tenho descoberto que essa é uma abordagem que fala a eles de uma maneira muito significativa e esperançosa.

Ouvi de alguém: "A justiça restaurativa faz uma conexão com aquilo que está em nossos corações" em relação a temas como responsabilidade e reparação. Outra pessoa falou de "um impulso humano que faz com que queiramos consertar as coisas e construir a paz". Outra ainda enxerga a justiça restaurativa como parte da jornada em direção a "um bem maior e ao crescimento pessoal". Esses indivíduos procuraram efetivamente reparar os danos que causaram às vítimas das infrações que cometeram.

Para mim é importante dizer uma palavra sobre a perspectiva a partir da qual este livro é escrito. Nunca fui vítima nem autora de um crime e, assim, só posso escrever a partir da minha própria perspectiva. No entanto, como profissional da justiça restaurativa trabalhando com pessoas presas, sou treinada para isso e estou comprometida com o equilíbrio das necessidades tanto dos infratores quanto das vítimas.

Em especial, levo em conta nesta obra a perspectiva de presos afro-americanos que moravam na região central da Filadélfia e que receberam pena de prisão perpétua pela prática de crimes violentos. Antes da prisão, muitos eram jovens pobres de baixa escolaridade. Como consequência, escrevo principalmente a partir da perspectiva daqueles que passaram pela experiência da criminalidade de rua violenta. Tal perspectiva não representa e não pode representar todas as experiências.

Cada experiência individual como "infrator" ou "presidiário" é única. As experiências são diferentes, por exemplo, a depender se uma pessoa é pobre ou rica, branca ou negra, da zona urbana ou rural, jovem ou velha, bem como de seu grau de instrução. Há muitos fatores adicionais que atribuem sentido ao crime, suas causas e fatores de prevenção, e formam as ideias sobre justiça. Assim, é impossível estabelecer uma conexão direta com a história de vida de cada um que vier a ler este livro, pois cada história é sempre única e específica.

> Uma noite, em 1974, dois jovens rapazes vandalizaram 22 casas, carros e empresas. A pedido do agente de condicional e de seu colega, o juiz determinou que os rapazes encontrassem as vítimas. Eles bateram à porta delas, dizendo quem eram e perguntaram quanto deviam pelos danos causados. Uma das vítimas esteve a ponto de dar um soco neles. Outra os convidou para um chá. No período de três meses, eles pagaram o que deviam. Esses rapazes participaram do primeiro encontro documentado presencial entre vítima e infrator determinado por um tribunal.
>
> Décadas depois, um desses rapazes, Russ, estava estudando Direito e Segurança na faculdade local. Um palestrante convidado, que pertencia a um centro de justiça comunitária, falou de um caso muito celebrado que havia ocorrido ali e que inspirara o movimento de justiça restaurativa. Russ então percebeu que estavam falando dele! Ele não tinha ideia de que sua experiência como infrator havia se tornado um exemplo de uma forma diferente de fazer justiça. Russ se tornou depois um mediador voluntário no programa.[2]

Algumas vezes, uso rótulos como "presidiário", "ofensor" e "vítima". Quero deixar consignado, porém, que esses rótulos têm o potencial de desumanizar e de reduzir a pessoa a um único aspecto de sua identidade. Como seres humanos, podemos, em tese, tanto causar como sofrer uma ofensa; podemos tanto ser vítimas como infratores. Os rótulos são armadilhas. Ainda assim, quando utilizados para apontar apenas um aspecto de alguém ou de um ato específico, eles têm algum valor. São, por exemplo, uma forma de identificar os papéis daqueles envolvidos em uma infração. E, além disso, quando alguém admite ser o "ofensor", está dando um passo em direção à responsabilização. Assim, de fato uso esses rótulos sempre consciente de suas limitações e perigos.

COMO USAR ESTE LIVRO

Este livro pode ser considerado uma "amostra" ou um trailer. Ele vai tanto levantar questões como apresentar respostas. Espero que as questões, discussões e críticas criem oportunidades para aprender mais sobre justiça restaurativa.

Os estudos de caso, no início de cada capítulo, oferecem exemplos concretos de utilização da justiça restaurativa no trabalho. Algumas histórias tratam de práticas de justiça restaurativa bastante comuns. Outras indicam formas originais de aplicar os valores restaurativos, e outras ainda representam os desafios de fazer justiça restaurativa. Todas têm o propósito de lançar ideias sobre como você pessoalmente pode ser parte da justiça restaurativa.

Os capítulos pretendem ainda estimular reflexões e discussões sobre uma variedade de tópicos que vão do campo pessoal ao acadêmico. Talvez você ache as seguintes questões interessantes para as suas reflexões:

1. O que esse capítulo significa para você à luz de suas experiências pessoais?
2. De que formas você conheceu ou experimentou os conceitos na vida real?
3. Com que você concorda? Por quê?
4. De que você discorda? Por quê?
5. Quais os benefícios e riscos de aplicar a justiça restaurativa na prisão?
6. O que é preciso para que os conceitos sejam aplicados na sua vida?

Os dois capítulos finais incluem sugestões para praticar a justiça restaurativa na prisão e na vida diária. Muitas dessas sugestões foram dadas por homens e mulheres em privação de liberdade e são aqui colocadas para despertar as suas próprias ideias e ajudá-lo a pensar em formas de praticá-la em qualquer contexto ou situação.

Este livro pode ser utilizado de muitas maneiras. Você pode ler por conta própria ou usá-lo como texto base para conduzir uma discussão em grupo. Pode utilizá-lo em um programa que já esteja em curso em uma prisão, lendo-o com familiares ou com os funcionários. Pode ser que surjam questões difíceis para você. Talvez você seja a vítima de um crime; talvez esteja vivenciando conflitos decorrentes de relacionamentos familiares, ou esteja lidando com sentimentos de culpa ou vergonha. Espero que você encontre caminhos restauradores para explorar as suas emoções. Para expressar seus sentimentos, algumas pessoas usam a arte, outras escrevem diários, outras conversam com amigos.

Minha esperança é que com este livro você dê início – ou prosseguimento – à sua própria jornada de discussões, responsabilização e cura pessoal no caminho da justiça restaurativa.

2

A REDE DE RELACIONAMENTOS

Tarde da noite, em janeiro, Tony, um adolescente, atirou e matou Tariq Khamisa, um jovem entregador de pizza. Diante de uma dor profunda, Azim Khamisa, pai de Tariq, queria fazer alguma coisa boa em nome do filho. Ele foi ao encontro de Ples Felix, avô de Tony. Juntos, eles criaram uma organização comprometida com a prevenção da delinquência juvenil. Por meio desta experiência, o Sr. Felix "se deu conta de que tinham o potencial não apenas de ajudar na cura um do outro, mas talvez de contribuir para curar pessoas que nem mesmo conheciam".[3]

A experiência de Khamisa e Felix significa que todos estão conectados. Tanto a dor como a cura são compartilhadas. A justiça restaurativa se desenvolve a partir dessas conexões compartilhadas. Antes de explorar tal filosofia de uma forma mais detalhada, este capítulo trata da importância das conexões fortes entre as pessoas e do que acontece quando tais conexões se rompem.

CONEXÃO

Imagine várias cadeiras posicionadas em círculo, estando você sentado em uma delas. Os que estão próximos vão se sentando também, um a um. Depois os que de alguma forma participaram da sua vida, mas com quem você não tem muita intimidade, aproximam-se. Outros continuam a se juntar ao círculo: familiares, amigos, colegas de trabalho, funcionários da prisão, membros de seu grupo religioso. Elementos da natureza são incluídos no círculo, tais como plantas, animais, ar e água. Logo, estão nas cadeiras todas as pessoas e elementos que tocaram sua vida no passado e no presente. Agora ligue todos esses indivíduos e elementos com um fio, ou barbante, que vai se cruzando e formando uma rede.

A vida humana se desenvolve a partir dessa rede de relacionamentos. Por meio de conexões fortes com os outros, nossas necessidades básicas de segurança, amor, autoestima, conforto e até mesmo comida e abrigo são atendidas. Em uma rede forte, **todas as pessoas são iguais** em valor, têm as mesmas oportunidades de acesso ao poder e o mesmo direito a uma vida significativa. Ninguém vale mais do que ninguém. Não existe "nós" ou "eles".

Ainda assim, **cada indivíduo é único**. Os relacionamentos criam histórias que, a seu turno, criam a nossa identidade individual. Família e amigos, ensinamentos culturais e religiosos e até mesmo a política e a economia nos indicam quem somos, como agimos e em quem nos transformamos. Uma vez que os **nossos relacionamentos nos impactam como indivíduos**, a rede se transforma no "panorama geral" de quem somos nós. Entender um indivíduo é entender os seus relacionamentos.

De outro lado, **os indivíduos impactam os relacionamentos**. Quando alguém está feliz, a alegria é compartilhada por toda a rede. Quando alguém trata o outro com respeito, todos experimentam o respeito.

Isso também é válido para a dor. Quando uma pessoa fere a outra, a conexão é rompida. E quando isso acontece, o espírito da rede clama pela reparação. A rede vai se movendo e se modificando constantemente à medida que se constroem e se reparam os relacionamentos. Uma rede forte de relacionamentos dá sentido e propósito à nossa vida. Somos capazes de realizar a plenitude do nosso potencial quando recebemos e damos aquilo de que precisamos para viver.

DESCONEXÃO

Os relacionamentos nos moldam e nos dão suporte, mas também podem causar dor. Os familiares, os amigos e outras pessoas podem nos decepcionar, nos deixar abatidos, podem abusar de nós ou nos ignorar. Fazemos o mesmo a eles, com ou sem intenção. Esses relacionamentos rompidos, quando não são cuidados, deformam a rede, tirando-a de seu equilíbrio.

Tanto os relacionamentos interpessoais como os sociais podem se tornar **desiguais**. Alguns indivíduos conquistam a sua felicidade à custa de outros. Alguns são vistos como bons, outros como maus. Alguns são considerados mais dignos; e os considerados menos dignos são postos de lado.

Não é preciso ir longe para encontrar exemplos na vida real. Pessoas brancas tendem a ter mais poder do que as negras. Os homens podem ser mais valorizados do que as mulheres. Os ricos têm mais influência política do que os pobres. Quem está em liberdade tem mais valor do que quem está na prisão. As desigualdades aparecem nos ambientes de trabalho, em casa, nas escolas, no governo e em outros lugares.

Nas redes injustas, perde-se uma parte de si próprio. É mais difícil atingir um propósito na vida quando os relacionamentos são rompidos. Nesse cenário, a responsabilidade de cada um por seu semelhante perde valor. Cada indivíduo é deixado à própria sorte, vendo-se por vezes como se estivesse em uma batalha contra o resto do mundo. Quando alguém se sente assim, o sentimento perpassa por toda a rede.

A imagem da rede nos ajuda a compreender como o desequilíbrio em nossas vidas afeta as outras pessoas e vice-versa. Também nos dá uma visão de como seria viver numa comunidade ideal. A justiça restaurativa visa fortalecer a rede comunitária para, assim, atender às necessidades individuais.

3

O CRIME E A JUSTIÇA CRIMINAL

Os membros de uma comunidade ouviram dizer que uma casa de transição para criminosos sexuais seria aberta na vizinhança. Preocupado por imaginar que haveria uma reação contrária, um morador sugeriu que se fizesse um Círculo de Diálogo. Após uma preparação cuidadosa, aproximadamente 70 membros dessa comunidade e residentes da casa compareceram. Os participantes do Círculo ouviram um conto infantil na cerimônia de abertura e, em seguida, falaram das vezes em que foram feridos por alguém, em que fizeram alguma coisa errada ou se sentiram indignos. O tema da conversa passou então a ser a preocupação deles com a existência daquela casa na vizinhança. Alguns membros da comunidade falaram das suas próprias experiências de abuso sexual. Sem querer justificar seus crimes, alguns dos ofensores falaram de experiências similares. O Círculo decidiu aceitar a casa e criou um plano que funcionou para todos. Eles trabalharam juntos para que a casa ficasse pronta. Todos os novos residentes da casa foram apresentados à vizinhança. Alguns meses mais tarde, quando o município decidiu mudar a casa para outro lugar, a comunidade lutou para mantê-la ali.[4]

A ideia de redes rompidas e desiguais oferece uma forma de compreender o crime e a justiça criminal. O crime também é influenciado pela natureza individual. Este capítulo trata da desconexão entre as pessoas e de seu impacto na criminalidade e no sistema de justiça criminal.

DESCONEXÃO E CRIME

Há tantas causas para o crime quanto há pessoas. Ainda assim, **o crime é um sinal de que alguma coisa está errada em nossos relacionamentos**. Ele ocorre em um mundo distorcido.

Tenho ouvido homens e mulheres nas prisões falando coisas assim sobre o crime: "Foi o ponto alto da minha vida"; ou "As pessoas me respeitavam"; ou "Eu precisava provar que ninguém podia mexer comigo". Para mim, essas afirmações indicam uma demanda por respeito, poder e autoestima. Tais comentários foram feitos por pessoas que encontraram durante a vida pouquíssimas opções "legítimas" ou aprovadas socialmente para que tivessem as suas necessidades atendidas. Elas optaram pelo crime. Tais colocações não justificam o que fizeram, mas oferecem uma forma de entender as escolhas individuais.

> O crime pode ser visto como uma tentativa de fazer justiça por si próprio.

Aqueles que cometem crimes de colarinho-branco ou crimes corporativos também podem estar em busca de respeito, poder e valor. Os autores desse tipo de crime têm mais acesso aos meios socialmente adequados de obter poder e reconhecimento, mas anseiam por acumular ainda mais poder e riqueza. O crime pode ser uma forma de manter tudo o que já conseguiram ou de conseguir mais, ainda que à custa dos outros.

Ambos os tipos de crime têm origem nas redes rompidas. Um dos grupos tenta conseguir o que lhe falta, o que lhe foi negado. Outro grupo tenta manter o que tem ou conseguir ainda mais. Esses dois tipos de crime podem ser vistos como uma tentativa de fazer justiça por si próprio;[5] como uma forma de obter aquilo que a pessoa acha que "merece".

Essa concepção de justiça, no entanto, é falsa; não constrói relacionamentos do jeito que o verdadeiro sentido de justiça deveria construir. Ao contrário, aqueles que cometem crimes destroem ainda mais a rede. A dor é trocada pela dor. Quem passa pela experiência do crime – como vítima, familiar dos infratores ou outro membro da comunidade – sente-se desrespeitado; fica com medo e se sente impotente em relação à sua própria vida; passa a enxergar a si mesmo e ao mundo de uma forma diferente; sofre mudanças no nível pessoal e também em seus relacionamentos. Alguns lidam com essa dor agredindo os outros. E há quem busque caminhos diferentes para lidar com ela.

Uma resposta injusta para um mundo injusto conduz a comunidades injustas. Escuto presos e presas falando do seu cotidiano de "guerra" nas ruas e dos resultados dessa guerra, que são as "baixas" e as "síndromes pós-traumáticas". Vejo trabalhadores dedicados perderem o dinheiro de sua aposentadoria devido à ganância e ao poder das corporações. São ambas "culturas de crime", que criam mais desconexão.

DESCONEXÃO E JUSTIÇA CRIMINAL

Muitas vezes, o sistema de justiça criminal causa o mesmo efeito causado pelo crime em si. Ele também rompe a rede ao invés de repará-la. O sistema é basicamente organizado para responder a três questões:[6]

1. Qual lei foi descumprida?
2. Quem fez isso?
3. O que essa pessoa merece?

Estas três questões estão focadas em garantir que o infrator receba o que "merece". O sistema de justiça criminal não tem muito respeito por aqueles que cometem uma infração, normalmente vistos como pessoas ruins e sem nenhum valor, que não merecem nada além de culpa, dor e punição. Com mais de dois milhões de presos nos Estados Unidos, a punição é quase sempre sinônimo de encarceramento. Existem poucas oportunidades para uma forma de responsabilização dotada de algum sentido, especialmente para as vítimas, ou que contribua para a recuperação ou para o crescimento pessoal. A atuação do sistema de justiça acrescenta ainda mais desconexão e rompimento. De alguma forma, a justiça criminal parece refletir os mesmos valores do crime em si: uma tentativa de assegurar que as pessoas recebam aquilo que "merecem".

Dentro do sistema de justiça, o papel que o infrator ocupa faz com que ele ignore as diversas pessoas que sofrem o impacto do crime – a sua própria família, as vítimas e as comunidades. As vítimas passam pela experiência de serem excluídas do processo penal. O Estado ocupa o lugar delas. Isso fica evidente na linguagem utilizada nos tribunais "O Estado contra Joe/Jane".

Como o crime é oficialmente um ato contra o Estado, as vítimas têm poucas chances de falar do que aconteceu e do sentido que a justiça tem para elas. Quando o autor do crime é condenado, e às vezes antes disso, o sistema lava as mãos em relação às vítimas. Dessa forma, o processo criminal lhes nega a humanidade de quem foi ferido pelo crime.

As famílias dos ofensores também sentem o impacto do crime. Mesmo assim, são excluídas do processo judicial. O sistema lhes oferece poucas oportunidades de dar assistência e apoio ao parente que cometeu a infração e também não olha para as suas próprias necessidades. Não há, para as famílias, meios de fazer com que o familiar infrator se veja como responsável. Para aquelas que sentem alguma espécie de obrigação em relação às vítimas, quase não há maneiras pelas quais possam, em nome do autor da infração, reparar os danos. Como o processo judicial vê as famílias como irrelevantes, elas ficam apartadas do sistema de justiça, de seus entes queridos e da comunidade.

> A justiça criminal com frequência desrespeita as pessoas e as suas necessidades.

O processo judicial também exclui a comunidade, que percebe o crime de uma forma individual e relacional e tem interesse por ambos – ofensor e vítima. Ainda assim, o processo judicial não convida a comunidade a falar do impacto causado pelo crime nem a dar apoio às vítimas ou aos ofensores. Tampouco a estimula a investigar quais teriam sido as causas do crime. Como os seus membros praticamente não possuem informações sobre as partes do processo judicial, acabam por construir estereótipos simplistas, tanto das vítimas como dos ofensores e de seus familiares. E assim a comunidade permanece rompida, posto que seus integrantes atuam como meros observadores do processo judicial.

O processo de justiça criminal desrespeita os ofensores, as vítimas, as famílias dos ofensores e a comunidade quando nega a eles a experiência humana proporcionada pelo crime. Faz parte da rede distorcida. Ignora o panorama geral que compõe a vida das pessoas.

A justiça criminal pode ser vista como uma disputa pelo poder em que os vencedores e perdedores são facilmente identificados. Algumas pessoas têm mais poder (por exemplo, os juízes e os mais ricos), enquanto outras têm menos ou simplesmente nenhum (por exemplo, as vítimas, os infratores e os mais pobres). Aquelas que têm poder tomam decisões em nome das que não têm.

O sistema de justiça criminal geralmente trabalha com sentenças padronizadas, tipo "tamanho único". Decisões assim pouco contribuem para que aconteçam mudanças ou processos de cura e recuperação. Os indivíduos, as relações e as comunidades permanecem rompidos. A verdadeira justiça, por outro lado, requer que as pessoas participem do processo de uma forma que leve em conta as suas experiências e relacionamentos, e que se esforcem para transformá-los.

A JUSTIÇA RESTAURATIVA

Sentados em silêncio e atentos, 1.400 homens e mulheres encarcerados testemunharam as intensas emoções de mais de 20 vítimas de crimes violentos. Eles estavam assistindo, junto com membros da comunidade, a peça A Body in Motion [Um corpo em movimento]. A plateia teve a oportunidade de analisar suas reações durante os debates após as sessões. Alguns expressaram remorso por seus crimes. Outros falaram de suas próprias experiências de vitimização – por exemplo, o assassinato de um filho ou abusos cometidos pelos pais. Todos expressaram o desejo de levar uma mensagem de cura e responsabilização para os demais.

Tudo começou quando um grupo de detentos solicitou que fosse feita uma única apresentação. Por intermédio de uma colaboração singular que envolveu presidiários, pessoas que trabalham com vítimas e ofensores, administradores da prisão, grupos religiosos e um financiador comprometido, a solicitação dos presos se transformou em um verdadeiro tour que passou por oito prisões e sete comunidades. O grupo de parceiros tão diversificados descobriu uma base comum. O tour teve o efeito de humanizar as vítimas ao mesmo tempo em que honrou as experiências dos ofensores e das comunidades.[7]

• 29 •

A justiça restaurativa reconstrói a rede de relacionamentos ao trazer as **pessoas** de volta para o processo judicial. Esse tipo de justiça promove mudanças e cura nos indivíduos, nos relacionamentos e na sociedade como um todo.

Defino justiça restaurativa assim:

> **Justiça restaurativa é uma maneira de fazer justiça que inclui de forma ativa as pessoas afetadas pelo crime – vítimas, infratores, suas famílias e comunidades. Seu objetivo é respeitar e restaurar cada um como indivíduo, reparar os relacionamentos rompidos e contribuir para o bem comum.**

QUESTÕES RESTAURATIVAS E PRESSUPOSTOS

Justiça restaurativa é uma forma de compreender a justiça baseada nas necessidades. Ela faz perguntas muito diferentes daquelas feitas pelo sistema de justiça criminal, que é baseado na ideia de retribuição.

A justiça restaurativa pergunta:

1. Quem foi prejudicado?
2. Do que ele/ela precisa?
3. A quem incumbe atender a essas necessidades?
4. Qual é a melhor maneira de reparar os danos e de atender às necessidades?

As perguntas são primeiramente feitas às vítimas, mas também são dirigidas aos demais participantes – aos ofensores, às suas famílias e às comunidades. Uma pessoa não pode responder em nome de outra. São questões que se relacionam tanto às **causas** quanto aos **impactos** do crime.

As perguntas trazem em si **crenças restaurativas**, tais como:

- Todas as pessoas importam.
- Todos precisam ser respeitados, ouvidos e compreendidos.
- Todos merecem ser tratados de forma justa.
- Todos são capazes de se transformar e de se curar se as suas necessidades forem atendidas.
- Para que a justiça aconteça, é necessário um tipo de responsabilização que provoque mudanças e que cure as pessoas e os relacionamentos.
- As pessoas criam a justiça juntas.

A justiça não é mais vista como sendo apenas uma sentença rápida, simples e punitiva. A justiça restaurativa exige uma reflexão e uma deliberação ponderadas para que se possa compreender inteiramente o crime e as necessidades individuais. Este tipo de justiça exige muito trabalho duro, mas conduz a uma responsabilização mais significativa e a uma cura duradoura.

ELEMENTOS-CHAVE DA JUSTIÇA RESTAURATIVA

O foco no **dano** e na **responsabilização** enraíza a justiça restaurativa na rede de relacionamentos. A justiça restaurativa busca apurar como as vítimas e as comunidades foram prejudicadas pelo crime e de que forma o infrator e seus familiares foram impactados. Uma vez que os danos e os impactos são identificados, passa-se a definir do que é que as pessoas precisam para lidar com o crime. Esta apuração abrange tanto a responsabilidade do ofensor pelo crime como a sua necessidade de corrigir o que foi feito.

A justiça restaurativa envolve, de forma ativa, cada uma das partes envolvidas na construção da justiça. As vítimas têm voz ativa durante o processo e na definição de suas necessidades. Aqueles que cometeram o dano não são apenas os "destinatários" da justiça. São partes que se esforçam para entender o crime e para determinar de que forma serão responsabilizados. Suas famílias e toda a comunidade também têm um papel. É a **participação** que torna possível a identificação e o atendimento das necessidades específicas de cada um.

> A justiça restaurativa é um caminho para a cura tanto pessoal como social.

Como veremos mais tarde, algumas formas da justiça restaurativa possibilitam que ofensores e vítimas se encontrem e conversem entre si. No entanto, para participar desse método, não é necessário que ocorra o contato direto entre eles. E a participação de uma das partes não impede a participação da outra. O processo de justiça restaurativa se expande para incluir e acomodar a todos.

Em uma abordagem restaurativa, o que se procura é a **restauração** e a **cura** de todos os envolvidos. Ao invés de focar em retribuir a dor causada com mais dor, a justiça restaurativa se esforça por reconstruir as pessoas e os relacionamentos. A ideia de justiça tem a ver com "fazer a coisa certa". A jornada em direção à restauração e à cura é orientada por um compromisso de "não causar danos" aos participantes do processo. Como consequência, a justiça reconstrói a rede de relacionamentos ao invés de enfraquecê-la.

VALORES RESTAURATIVOS

A justiça restaurativa está enraizada em valores que afirmam e constroem uma rede forte. Os valores fundamentais são **respeito, cuidado, confiança** e **humildade**.

Um sistema de justiça baseado no **respeito** reconhece a necessidade de responsabilização, recuperação e cura. O respeito surge ao se escutar e validar as experiências de todos os que foram impactados pelo crime. Concebido para tratar todos com dignidade e para reconhecer o valor de cada um, um sistema respeitoso ajuda as pessoas a nomearem as suas necessidades de justiça e as envolve na criação de uma resposta justa.

Um processo de justiça restaurativa se desenvolve com **cuidado** quando dá valor tanto à responsabilização de cada um individualmente quanto à responsabilização recíproca, de uns para com os outros. Dessa forma, se reconhece que há uma humanidade compartilhada por todos os impactados pelo crime. Um sistema assim se esforça para não causar nenhum dano e deseja o melhor para cada um. Um sistema comprometido com o cuidado acredita que as pessoas podem crescer e se curar se as suas necessidades forem atendidas e faz todo o possível para que isso aconteça.

Um sistema de justiça baseado na **confiança** promove o bem comum na medida em que preconiza a responsabilização e a cura. A justiça restaurativa opera de forma aberta e honesta. Valoriza a consistência, a confiabilidade e a confidencialidade. Os processos são concebidos para equilibrar e distribuir o poder entre os participantes e isso ocorre à medida que eles criam juntos uma resposta justa.

A participação requer **humildade**. Um sistema de justiça comprometido com a humildade e com a modéstia não pretende saber tudo e possuir todas as respostas. Ao contrário, se esforça para aprender com todas as pessoas envolvidas e para compreendê-las. O sistema aceita que aqueles que foram afetados pelo crime conhecem melhor do que ninguém suas próprias experiências e necessidades.

> Valores restaurativos:
> • Respeito
> • Cuidado
> • Confiança
> • Humildade

Além disso, um processo de justiça comprometido com a humildade possibilita-lhes participar, colaborar e cooperar. E porque cada um é diferente do outro, o sistema cria espaço para acolher os questionamentos, as incertezas e as complexidades, que são inevitáveis.

Pode ser difícil imaginar que um sistema plenamente restaurativo seja possível ou que todos os impactados por um crime desejem participar de tal processo. No entanto, a filosofia da justiça restaurativa e as suas práticas mantêm a promessa de transformar as pessoas afetadas pelo crime e o próprio sistema de justiça criminal. Os estudos de caso ao longo deste livro mostram situações concretas em que a utilização da justiça restaurativa, mesmo em pequena escala, produziu grandes impactos.

A justiça restaurativa oferece uma resposta de justiça que busca restaurar os indivíduos, reparar as relações e promover o bem comum. Ao olhar tanto para os danos causados como para as causas do crime, essa filosofia promove um tipo de justiça que "faz a coisa certa" pelas vítimas, pelos ofensores, pelas suas famílias e comunidades. Os próximos capítulos exploram as necessidades e o que é "fazer a coisa certa" na visão de cada participante. Começamos com a comunidade.

5
RECONECTANDO A COMUNIDADE

Hollow Water, uma comunidade das Primeiras Nações ao norte do Canadá, estava em uma situação difícil. Problemas de abuso de drogas, suicídio e violência permeavam as vidas de suas crianças. Esses problemas cresceram por questões relacionadas a abuso sexual intergeracional, violência familiar e uso de drogas em todo o âmbito da comunidade. Por sua vez, tais experiências tiveram origem nas situações de violência física e de destruição cultural causadas pelos primeiros colonizadores.

Os moradores de Hollow Heater assistiram, por vários anos, as vítimas de abusos sofrerem em silêncio. Os agressores saíam da prisão e voltavam à comunidade sem grandes mudanças. Como comunidade, decidiram então fazer justiça por sua própria conta. Por intermédio de programas participativos criados na própria comunidade, os agressores deveriam aceitar a responsabilidade por suas ações e não negá-las. As vítimas eram encorajadas a falar das suas experiências e não a se calar. Tradições e ensinamentos antes perdidos foram incorporados e não degradados. A comunidade deu a volta por cima, transformando-se para todos os seus membros trilharem o "caminho da cura".[8]

A cura de cada indivíduo afeta a saúde da comunidade. Há quem pense que a expressão "restaurativa", em justiça restaurativa, signifique que as coisas voltam a ser como antes da ocorrência do crime. A experiência de Hollow Heater sugere que "restaurativa" significa a cura tanto da comunidade como das pessoas individualmente consideradas, de modo que todos possam levar a vida adiante. A justiça restaurativa aponta para um caminho na direção de uma comunidade forte, capaz de criar indivíduos fortes. Por essa razão, olhamos para as necessidades de justiça da própria comunidade antes de olhar para as necessidades individuais.

Mas o que é "comunidade"? Normalmente, há dois tipos: comunidades de cuidado e comunidades mais amplas. A **comunidade de cuidado** inclui as pessoas com as quais nos importamos e que se importam conosco, em um nível pessoal. Normalmente é constituída de familiares e amigos. A **comunidade mais ampla** inclui relacionamentos menos pessoais, baseados em critérios geográficos ou associativos. Por exemplo, pode incluir a vizinhança, a cidade, as agremiações sociais ou de trabalho, os grupos religiosos ou étnicos.

> A justiça restaurativa tem mais a ver com seguir adiante do que com voltar atrás.

O crime causa impacto em ambos os tipos de comunidade tanto quanto ambos os tipos podem estar relacionados às causas do crime. Mesmo assim, o sistema de justiça criminal oferece poucas oportunidades para que qualquer um deles se envolva na questão da justiça. Na verdade, as comunidades são ignoradas pelo sistema de justiça criminal e acabam tendo apenas o papel de "espectadoras".

Sem compreender o impacto pessoal que o crime causa tanto nas vítimas como nos ofensores, os membros da comunidade têm dificuldade para enxergar nos ofensores pessoas que têm necessidades de cura e de responsabilização. Ao contrário, os membros da comunidade com frequência desenvolvem uma visão estereotipada, simplista e negativa, tanto das vítimas como dos ofensores, e assim perdem a chance de lhes proporcionar um apoio individual, de reparar as relações e de se curar como comunidade.

A comunidade pode ser tanto "ofensora" como "vítima". Em algumas situações, tem necessidade de reparar os danos causados. Em outras situações, ela própria precisa ser reparada pelos danos que experimentou. As comunidades de cuidado, de ofensores e vítimas, serão abordadas nos próximos capítulos. Este capítulo foca nas seis necessidades de justiça das comunidades em geral.

AS NECESSIDADES DE JUSTIÇA DA COMUNIDADE

Imagine uma floresta vibrante e saudável. Uma floresta assim dá vida a diferentes espécies de plantas e animais. No entanto, sem a correta quantidade de ar, água ou fogo, uma determinada espécie pode ser extinta enquanto outras se multiplicam. Uma mudança no equilíbrio natural altera o meio ambiente para todos os seres vivos. Restaurar a saúde do meio ambiente pode levar décadas, ou séculos.

A comunidade é um ecossistema delicado, como a floresta. Com a dose certa de respeito e igualdade, uma comunidade saudável dá vida a todas as pessoas que contém. Porém, sem equilíbrio, algumas pessoas prosperam enquanto outras apenas sobrevivem. E um único acontecimento, como um crime, pode causar um impacto na comunidade que perdura pelos anos seguintes (essa analogia com o ecossistema não pretende sugerir que o meio ambiente é o único fator que influencia as atitudes humanas – os seres humanos têm personalidades e naturezas próprias que definem como eles agem e reagem uns com os outros). A comunidade tem o seu próprio rol de necessidades relacionadas à justiça, essenciais para que se restabeleça o equilíbrio na rede de relacionamentos. Mesmo quando não diretamente afetados, os membros da comunidade sentem e reagem ao crime de formas muito semelhantes àquelas experimentadas pelas vítimas diretas. Colocam-se mais travas nas portas e janelas quando alguém é assaltado. Trancam-se os carros para evitar furtos. As pessoas tornam-se desconfiadas e ficam com receio umas das outras. Os membros da comunidade sofrem junto com aqueles que foram agredidos ou assassinados; preocupam-se imaginando que coisas assim podem acontecer consigo próprios ou com os seus familiares. Enxergam a si próprios naqueles que são vítimas.

Dessa forma, **a comunidade, como grupo impactado pelo crime, precisa que as suas necessidades recebam atenção**, as quais ocorrem em dois níveis: individual e coletivo. Aqueles que estão física ou emocionalmente próximos ao crime podem precisar de uma atenção individual, pessoal. Tal grupo pode ser constituído pelos amigos, vizinhos ou colegas de trabalho das vítimas do crime.

As respostas coletivas atendem a grupos que, mesmo mais distantes, são afetados pelo crime. Por exemplo, os vendedores de drogas podem ser vistos aparentemente como se não causassem dano direto a ninguém. Mesmo assim, a vizinhança e os moradores experimentam um sentimento de medo e o entorno se deteriora. O custo financeiro e social do crime não pode ser calculado, mas é necessária uma resposta de justiça que seja coletiva para lidar com a variedade de efeitos causados.

Considerando que a ocorrência de um crime é sinal de que alguma coisa está errada, toda a comunidade tem a obrigação de **manter uma relação com quem cometeu o dano e com os que lhe são próximos**. Nesse tipo de relação, os infratores e seus próximos permanecem membros valiosos da comunidade e recebem ajuda para que as suas necessidades sejam atendidas, tanto as necessidades de justiça como as de responsabilização para com os demais. Assim, a comunidade e o ofensor descobrem quais são as suas responsabilidades recíprocas.

A comunidade também tem obrigação de **manter relação com as vítimas e com os que lhes são próximos**. Ignorá--las é agravar o dano causado pelo crime. Nesta relação, as vítimas são respeitadas como indivíduos e são reconhecidas como membros valiosos da comunidade, a qual precisa apoiá--las ativamente para que as suas necessidades de justiça e de cura sejam atendidas. Esta relação também diz respeito às responsabilidades recíprocas. Por exemplo, a preocupação da comunidade para com as vítimas faz com que elas fiquem menos propensas a buscar retaliação ou vingança contra os ofensores ou outras pessoas.

Estar em relação com os ofensores, com as vítimas e com as suas comunidades de cuidado exige um **comprometimento com valores como respeito, confiança, cuidado** e **humildade**. Sem tais valores, a comunidade enfrenta o risco de que o crime aconteça de novo. Esse chamado aos valores vitais a desafia a olhar para a maneira como os seus integrantes se relacionam uns com os outros. Transformar os valores destrutivos em valores positivos é possível quando a comunidade enxerga a importância de cada um e trabalha pelo bem de todos.

> **Uma comunidade restaurativa irá:**
>
> - atender às necessidades que possui como grupo quando for impactada pelo crime;
> - manter relação com aqueles que causaram o dano e com as pessoas que lhes são próximas;
> - manter relação com aqueles que sofreram o dano e com as pessoas que lhes são próximas;
> - se comprometer a praticar valores como respeito, cuidado, confiança e humildade;
> - se esforçar para se transformar em uma sociedade mais justa e igual;
> - procurar oportunidades de participar do sistema de justiça.

Esses valores criam uma oportunidade de **mudança em direção a uma comunidade mais igualitária e justa**. Assim como uma família, uma comunidade pode ser disfuncional. A justiça restaurativa aponta para a necessidade de justiça social, elemento fundamental na prevenção do crime. Então a comunidade precisa apurar como, em razão de suas estruturas, agride os seus membros. Por exemplo, será que todos os membros:

- se sentem respeitados e valorizados?
- se sentem pertencentes à comunidade?
- atuam tendo em vista os melhores interesses de toda a comunidade?
- têm acesso àquilo de que precisam para viver?

Uma resposta negativa a tais perguntas exige mudanças na distribuição de poder, na disparidade econômica e educacional, nas questões ligadas ao racismo, sexismo e outras injustiças. Quando esses temas são enfrentados, transformações sociais em larga escala podem acontecer, o que beneficia a todos.

Para que aquelas seis práticas indicadas aconteçam, a comunidade deve **participar do processo de justiça**. O custo de uma pessoa encarcerada é de aproximadamente US$ 20 mil por ano. Imagine se a comunidade usasse esse dinheiro para fazer justiça, proporcionar segurança e prevenir crimes futuros. A justiça restaurativa acredita que a comunidade queira promover a saúde de seus membros e o bem comum. No entanto, para que se dê conta e para que atue de acordo com essas intenções, a comunidade tem de ser parte do processo.

Acho que palavras como "hospitalidade" e "acolhimento" são boas para imaginar uma comunidade que atua de forma restaurativa. Essas palavras criam imagens de boas-vindas, de união e de uma vida comunitária compartilhada. Imagens assim nos levam de volta à ideia de rede.[9]

Algumas pessoas presas dizem que a justiça restaurativa é um jeito de construir o tipo de comunidade que desejamos para os nossos filhos e para as gerações futuras. Construir uma comunidade assim cria um meio ambiente saudável que promove uma ideia de justiça enraizada nos conceitos de responsabilização e restauração. A justiça restaurativa demanda o cultivo de uma comunidade restaurativa para o bem de todos os seus membros.

6

RECONECTANDO OS INDIVÍDUOS

Vestidos de preto e vermelho, um grupo de homens e mulheres reuniu-se no palco. Algumas daquelas pessoas eram mães cujos filhos haviam sido assassinados. Outras eram pais e mães cujos filhos estavam presos. Outras, ainda, haviam estado, elas mesmas, na prisão. E algumas haviam passado por várias dessas situações. Todas eram atores de uma peça – Beyond the Walls [Além dos Muros] – criada a partir de suas próprias experiências. Elas não representavam a história de outras pessoas; expressavam as suas próprias histórias.

Uma mãe compara a sua vizinhança com um cemitério, as casas com lápides. Um homem relata a reação violenta de seu pai diante de um linchamento. Outra mãe percebe que ela e a família da vítima gritam o mesmo grito. A irmã de alguém agora nota a beleza ao seu redor porque sabe que um dia essa beleza pode não estar mais ali. A peça aproximou essas pessoas para dar voz ao seu sofrimento e à sua dor e para dar voz também ao poder redentor da mudança. Juntos, elas criaram uma narrativa coletiva.[10]

Na justiça restaurativa, as pessoas impactadas pelo crime ocupam o papel central. Os infratores, as vítimas e suas comunidades de cuidado, as famílias dos infratores, são estes os participantes-chave. Todos eles têm as suas próprias necessidades de justiça, singulares e especificas, que, quando atendidas, promovem a cura pessoal. Por sua vez, indivíduos curados e saudáveis criam uma comunidade forte.

Quem mais tem me ensinado sobre as necessidades individuais de justiça são os homens e as mulheres que estão presos. São eles os meus maiores mestres. Muitos deles tiveram experiências não apenas como infratores, mas também como vítimas e como familiares de infratores. O fato de ter cometido uma infração não impede que aquela mesma pessoa tenha experimentado o papel de vítima de outro crime. Apesar das diferenças, as necessidades de todos têm importantes semelhanças.

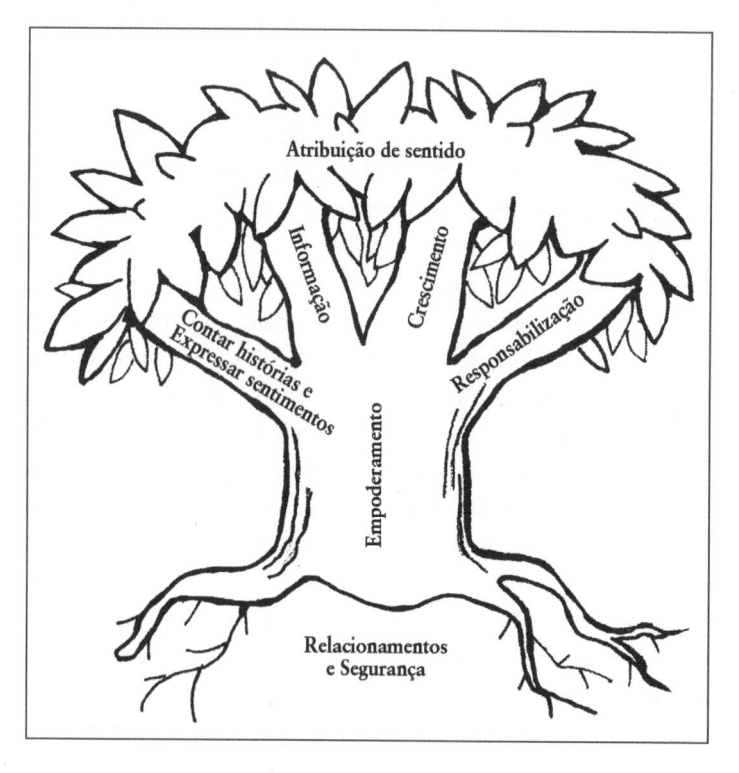

A similitude entre aquilo de que precisam os ofensores, os seus familiares e as vítimas faz sentido. As necessidades individuais de justiça emergem da rede e refletem o que é preciso para ter uma vida significativa. Este capítulo apresenta as **oito necessidades individuais de justiça**. Os próximos três capítulos exploram essas necessidades em mais detalhes para as vítimas, os ofensores e seus familiares.

AS NECESSIDADES INDIVIDUAIS DE JUSTIÇA

Se a comunidade é uma floresta, seus membros individualmente são as árvores. Uma árvore forte e frondosa representa as oito necessidades individuais de justiça (ver figura na página 44).

A árvore da justiça cresce a partir de raízes interconectadas que representam **relacionamento** e **segurança**. Quando se deparam com a ocorrência de um crime, com os seus impactos e causas, as pessoas precisam se enraizar novamente (ou pela primeira vez) em relações seguras. Relações seguras são fundamentadas em respeito, cuidado, confiança e humildade e não estão sujeitas a julgamento e vergonha. A ideia de relações seguras também inclui segurança contra danos físicos.

Como a espinha dorsal de uma árvore, o tronco representa o **empoderamento**, que, por sua vez, representa o desejo inato do indivíduo e a sua habilidade de se erguer, com força e determinação, para que a justiça se realize. Empoderamento também significa controlar a própria vida e participar do verdadeiro processo de justiça, tornando possível a vida nos galhos, com um suporte que vem desde as raízes.

Os galhos representam as necessidades de **contar histórias** e de **expressar sentimentos**, de **informação**, de **crescimento** e **responsabilização**. Não há uma ordem específica para o atendimento dessas necessidades.

Contar histórias ou falar desde o coração sobre as suas próprias experiências e expressar sentimentos causam um impacto profundo nas pessoas. O processo de justiça restaurativa as ajuda a "colocar as coisas para fora" e a atribuir algum sentido ao impacto causado pelo crime e às suas causas. Quando podem falar de suas experiências, recebem o respeito de que precisam, sentem-se honradas e validadas.[11]

A informação possibilita a compreensão, uma vez que se buscam respostas para as questões práticas e espirituais que surgem depois que o crime acontece. A necessidade de evolução pessoal e relacional é, a um só tempo, pressuposto e consequência da possibilidade de atribuir um sentido ao crime.

A responsabilização, conceito restaurativo fundamental, está diretamente relacionada aos impactos e causas de um crime específico. Significa "consertar as coisas" na medida do possível. Para que isso aconteça, é preciso: 1) a compreensão de quais foram os danos específicos decorrentes do crime; 2) a assunção de responsabilidade e a execução de ações concretas de reparação de tais danos, como a indenização dos prejuízos. É por meio da responsabilização que tanto as vítimas como os ofensores podem começar a deixar para trás o poder que o crime exerce sobre eles.

A **atribuição de sentido** emerge na copa da árvore e é o resultado de tudo o que acontece das raízes para cima. Ao atribuir sentido, as pessoas incorporam o crime às suas vidas. Criam um novo senso de identidade própria baseada naquilo que aconteceu. Entendem, novamente, qual é o seu lugar no mundo e nas relações com os outros. Experimentam uma renovada sensação de controle e ordem em suas vidas. Um sentimento de integridade emerge daquilo que estava partido. À medida que o indivíduo continua a crescer e a passar por mudanças como a árvore, a atribuição de sentido representa um lugar de justiça.

Toda árvore tem raízes, tronco, galhos e folhagem. Contudo, cada árvore é diferente. A justiça também é assim. Mesmo que as necessidades das pessoas sejam similares, cada uma vivencia o crime de uma forma específica. Em razão disso, há uma variação entre as maneiras pelas quais necessidades similares podem ser atendidas. A justiça restaurativa busca compreender essas diferenças e dar a resposta certa de justiça para cada indivíduo.

> A justiça restaurativa encontra a resposta justa e adequada para cada pessoa.

As árvores são dinâmicas e estão em constante movimento enquanto mudam com as estações. As pessoas também vivenciam dessa forma tanto o crime como o processo de recuperação. Elas vão passando por movimentos e mudanças à medida que lidam com o crime mesmo muitos anos depois de sua ocorrência. Assim, a palavra "encerramento" não é apropriada quando se trata de um processo decorrente de um crime. Essa expressão sugere que um crime e suas consequências acabam, terminam, no entanto o impacto de um crime se perpetua, ainda que de maneiras variadas, tal como uma árvore mantém o registro de sua história em seus anéis de crescimento. Outras palavras como "recuperação", "sobrevivência" ou "transcendência" descrevem de forma mais precisa o que acontece depois de um crime.

Você deve ter percebido que o perdão não está listado como uma necessidade de justiça. Perdão é um conceito muito pessoal e tem um significado diferente para cada um. Eu o defino como o momento em que alguém deixa para trás o poder que o crime exerce sobre si. Pode-se perdoar a si próprio e aos outros. Mesmo que a ideia de perdão seja reconfortante (principalmente a ideia de recebê-lo), perdoar não é algo fácil de fazer. E quem perdoa geralmente o faz mais por sua recuperação pessoal do que pelo outro.

Os ofensores, as vítimas e os familiares que escolhem a experiência de perdoar vivenciam uma profunda sensação de cura e fazem um movimento em direção à atribuição de sentido. Aqueles que não perdoam podem encontrar outros caminhos para alcançar a cura. De qualquer forma, o perdão permanece sendo uma escolha pessoal. A justiça restaurativa respeita as escolhas individuais.

As árvores precisam das raízes, das folhas e de tudo o mais que existe entre elas para florescer. Os indivíduos precisam da satisfação de cada uma das oito necessidades de justiça. Sentir-se em segurança e manter os relacionamentos são condições que possibilitam um movimento em direção à atribuição de sentido, e o trabalho feito nos galhos pode contribuir para que os relacionamentos sejam seguros. A justiça restaurativa torna possível que se caminhe em direção a relacionamentos seguros e à atribuição de sentido depois que o crime acontece.

Os próximos três capítulos exploram essas oito necessidades de justiça na perspectiva da vítima, do ofensor e dos familiares do ofensor, nessa ordem. Entretanto, você pode ler – ou reler – esses capítulos na ordem que preferir.

Enquanto você lê, lembre-se de suas experiências de vida pessoais. Talvez, além de ter cometido um crime, você tenha sido vítima de um roubo ou pode ser que o seu filho esteja envolvido com o sistema judicial. Sua família pode ter vivenciado um crime como vítima. Ou talvez você tenha cometido um crime contra a sua família. Cada capítulo diz respeito a essas experiências complexas e interligadas.

RECONECTANDO AS VÍTIMAS E SUAS COMUNIDADES DE CUIDADO

Um motorista bêbado matou um jovem casal e seu cachorrinho. Em memória de seus entes queridos, suas famílias ergueram um memorial no local do acidente. Quando o homem responsável pelas mortes estava apto a obter o livramento condicional, as famílias das vítimas quiseram que ele fizesse algo significativo em memória daqueles cujas vidas tirou. O pedido das famílias foi encaminhado à comissão de condicional. Para a concessão do benefício, seria preciso que o homem, o agente de condicional e o escritório de representação das vítimas elaborassem um projeto.

Por intermédio do agente, as famílias pediram que o homem limpasse regularmente o local do memorial e repintasse as cruzes no mês de aniversário do acidente. Pediram também que fosse voluntário em um abrigo de animais. A possibilidade de formular esses pedidos e de ter os pedidos atendidos foi poderosa e significativa para as famílias. Elas encontraram um jeito muito especial de lembrar-se de seus filhos e de trabalhar o seu sentimento de vitimização. Iniciaram sua jornada em direção à cura por si próprias e deram mais um passo adiante ao encontrar essa forma de fazer com que o autor da infração fosse responsabilizado.[12]

As vítimas e suas comunidades de cuidado frequentemente vivenciam o crime como um trauma. O crime interrompe o fluxo normal da vida e tira as coisas de seu equilíbrio. Os relacionamentos já não são mais os mesmos. As noções de segurança e proteção se tornam fugazes. Crenças e valores são questionados. Danos físicos podem afetar radicalmente a capacidade que a pessoa tinha de trabalhar ou de tomar conta da família ou de si mesma. Os custos financeiros inesperados que podem surgir impactam no orçamento da família. Essas são apenas algumas das formas pelas quais as pessoas são impactadas pelo crime.[13]

Azim Khamisa, vítima de um crime, descreveu a "bomba nuclear emocional" que caiu sobre ele quando ficou sabendo do assassinato de seu filho.[14] Essa imagem explosiva é adequada à realidade de muitas vítimas, independentemente do tipo de crime – não violentos, violentos, contra a propriedade, físicos, de colarinho-branco ou de rua. Quem teve o carro roubado pode vir a experimentar os mesmos sentimentos daquele cujo filho foi assassinado. A intensidade pode variar, mas o tipo de sentimento é o mesmo.

Os efeitos de um crime são duradouros e de longo alcance. A infração e seus impactos podem reaparecer dias, meses ou até mesmo anos depois do fato. É possível que se sintam as emoções associadas ao crime quando se aproxima a data de aniversário da ocorrência; casamentos podem acabar em razão do estresse relacionado ao crime, mesmo anos depois; para outros, pode passar a ser impossível a realização de seus sonhos. Não existe um caminho linear com um fim definido a ser seguido depois que o crime acontece. Ao contrário, o caminho da cura é sinuoso; algumas pessoas podem ter de passar pelo mesmo ponto mais de uma vez.

O fato de o sistema de justiça criminal frequentemente ignorar as experiências e as necessidades das vítimas indica o quão pouco ele faz para ajudá-las a lidar com o crime e para que experimentem uma sensação de justiça. Enquanto as vítimas têm apenas um pequeno papel no processo de justiça criminal, se é que têm algum, elas e suas necessidades são centrais para a justiça restaurativa. Esse capítulo explora com mais detalhes cada uma das oito necessidades de justiça na perspectiva das vítimas.

> "Você confiava que a vida não iria te ferir desse jeito. [...] Você acreditava que a humanidade não tinha um lado tão feio. [...] Você tinha expectativas incríveis sobre o comportamento dos outros que simplesmente não se concretizaram. Agora eu não tenho mais confiança nos outros."[15]

> "É como um ciclone passando por sua casa. Você tem de vagarosamente limpar, consertar o que está quebrado, substituir as coisas. Finalmente, a sua casa será a sua casa de novo."[16]

AS NECESSIDADES DE JUSTIÇA DAS VÍTIMAS

O crime rompe relacionamentos e, assim, favorece sentimentos de insegurança. Restaurar a **segurança** e os **relacionamentos** é questão-chave para as vítimas. Muitas delas encontram a sua própria maneira de se sentirem fisicamente seguras. Por exemplo, algumas trocam as fechaduras, passam a portar um cassetete ou outras armas, instalam grades e sistemas de segurança. Mas, mesmo assim, não importa o que façam, muitas nunca mais se sentem seguras. Às vezes, as vítimas criam as suas próprias prisões dentro de suas casas, ficam com medo de sair. Restaurar os relacionamentos é uma forma de proporcionar segurança física. A segurança emocional tem a mesma relevância. Restaurar esse tipo de segurança restabelece a fé e a confiança nos outros. Os relacionamentos seguros são aqueles em que não há desconfiança, manipulação, julgamento, culpa ou vergonha. As vítimas se sentem validadas, legitimadas e escutadas em relacionamentos assim.

Aquele que comete um crime fez uma escolha ao cometê-lo. As vítimas não escolheram ser vítimas; tiveram pouco controle sobre o crime ou sobre suas consequências, se é que tiveram algum. O resultado é que todos os aspectos da sua vida são inesperadamente perturbados. Elas com frequência se sentem impotentes. Por isso, o **empoderamento** é tão importante. As vítimas precisam recuperar o controle sobre sua vida. Quando são capazes de tomar decisões sobre como lidar com o crime e como satisfazer as suas próprias necessidades, retomam o controle pessoal. A oportunidade de participar do sistema de justiça é um importante meio de estabelecer o controle.

> *"Como viverei o resto da minha vida? Como viver com a agonia de ter sido impedido de compartilhar da vida do meu filho?"*[17]

A necessidade de controle está conectada à necessidade de **informação**. A maior parte dos crimes deixa perguntas em seu rastro. As vítimas podem buscar respostas para questões práticas como: O que aconteceu? Por que aconteceu? Por que eu? Onde estão os meus pertences? Como posso descobrir o que está acontecendo?

Outras questões podem ser mais introspectivas e pessoais: Por que reagi da forma como reagi? O que acontecerá comigo agora? Como sigo em frente? O que virá a seguir? Há ainda vítimas espiritualizadas por natureza. O crime tem o potencial de desafiar a forma pela qual se entende o mundo. Quando se depara com uma situação que abala a sua visão de mundo, pode-se questionar Deus e outros poderes superiores, bem como o próprio sentido da vida. Buscar respostas é um jeito de recuperar o controle e caminhar em direção à atribuição de sentido.

Contar histórias e **expressar sentimentos** ajuda as vítimas a colocar para fora aquilo que trazem dentro de si, a enxergar o crime em perspectiva e a dar sentido às suas reações. Há meios de expressar sentimentos e contar experiências com privacidade como, por exemplo, fazer um diário, escrever poesia, pintar ou conversar com familiares, amigos ou terapeutas. As oportunidades de contar histórias e desabafar de forma pública geralmente envolvem ambientes judiciais ou institucionais. Por exemplo, uma vítima pode decidir falar durante um ato de protesto, ler uma declaração sobre o impacto que sofreu diante do tribunal, ou propor uma legislação específica. Quando ouvidas, as vítimas passam por uma experiência de validação e afirmação muito necessária.

> "Não desabafar [sobre sua história] é como estar constipado."[18]

A validação também surge a partir da **responsabilização**. A responsabilização tem duas características – a indenização e o reconhecimento, pelo infrator, do dano causado. Quando os prejuízos não são indenizados, a vítima pode passar por uma devastação financeira. Indenização é o pagamento, pelo infrator, das perdas financeiras da vítima. O reconhecimento do dano causado isenta-a de qualquer responsabilidade pelo cometimento do crime. Isso ocorre, por exemplo, quando o infrator aceita, ou lhe é atribuída pelo tribunal, a responsabilidade pelo crime.

> "Quando ele disse 'Você não me colocou [na prisão]; fui eu que me coloquei aqui', foi a coisa mais poderosa que poderia ter dito, porque ele finalmente admitiu isso."[19]

A indenização financeira e o reconhecimento do dano causado andam de mãos dadas. Quando o ofensor paga a indenização, está fazendo uma declaração acerca de sua responsabilidade. O pagamento carrega a mensagem: "Eu te causei um dano, então sou eu que tenho de pagar. Você não é responsável". Para algumas vítimas, a declaração de responsabilidade tem mais significado do que o dinheiro em si. Assim, até mesmo o pagamento de pequenos valores pode fazer com que elas avancem mais um passo em sua jornada de cura.

Para as vítimas, o **crescimento** representa a sua jornada pessoal na direção de tornar-se um ser humano inteiro. Ainda que o crime não tenha sido uma escolha sua, ele força um movimento de introspecção, de mudança pessoal. Para algumas vítimas, esse crescimento pode ser relacional. Como exemplo, podem ter de lidar com experiências passadas, estabelecer limites ou encontrar novos relacionamentos. Para outras, esse crescimento pode ser extremamente pessoal, resultando em insights sobre quem são, do que precisam e sobre os campos possíveis para um trabalho pessoal. Entretanto, quando as suas necessidades não são atendidas, elas podem não crescer, permanecendo presas na dor que vivenciaram.

> *"Não há nada como um homicídio para fazer com que você realmente olhe para si mesmo, se quiser. Ele arranca as cascas das feridas do passado."*[20]

> *"Eu não quero apenas funcionar; eu quero me curar. Eu quero transcender isso."*[21]

A **atribuição de sentido** que as vítimas encontram na copa da árvore é, algumas vezes, chamada de o "novo normal". Como a vida passa a ser diferente depois da ocorrência de um crime, o que era normal antes deixa de ser. Com um "novo normal", elas assumem uma vida e uma identidade em que o crime está incluído. Como os anéis de crescimento de uma árvore, o crime permanece como parte de seu ser interior e influencia o futuro. Mesmo assim, elas continuam crescendo.

As vítimas vivenciam o crime talvez da forma mais pessoal e direta possível. A justiça restaurativa busca criar respostas significativas para as necessidades resultantes do crime. Dessa forma, as vítimas vivenciam uma reconexão com a sua rede de relacionamentos. Por sua vez, a própria rede fica mais forte.

8

RECONECTANDO OS OFENSORES

Um grupo de homens condenados a longas penas reconheceram que seus comportamentos passados, inclusive os seus crimes, causaram muita dor para as suas famílias, para as vítimas e para a comunidade como um todo. Também perceberam que tinham para com esses três grupos responsabilidades que a pena de prisão não extinguiu. Numa tentativa de saldar as suas dívidas, os homens organizaram uma programação de um dia dirigida aos presos que iriam em breve para casa e a convidados da comunidade.

Os presos que organizaram o evento tomaram a palavra, um após o outro. Daniel falou de como sua mãe ficou magoada pelo fato de ele ter cometido um crime e de ter sido preso. John refletiu sobre como ele se transformou – era um criminoso analfabeto e passou a ser professor de alfabetização. Paul se abriu sobre o crime que praticou e listou as pessoas da comunidade a quem ele causou danos. Todos os que assistiam sofreram junto com uma mãe que contou a história do assassinato de seu filho. No final do dia, os organizadores encorajaram tanto os presos como os participantes da comunidade a assinar um "Pacto de Responsabilidade", um compromisso de viver uma vida responsável.[22]

O evento foi organizado por homens que tiveram de enfrentar muitos anos de prisão. Eles admitiram que cometeram crimes. Valorizaram os relacionamentos familiares. Por intermédio de programas existentes na prisão e de seus esforços individuais, fizeram o que era necessário para transcender aos crimes. Eles eram "especialistas" em necessidades de justiça dos ofensores.

> *"Estou sendo punido por algo que eu fiz, mas não me está sendo dada a oportunidade de tentar fazer algo sobre isso."*[23]

O sistema de justiça criminal é focado na punição individualizada do infrator. Entretanto, faz pouco para atender às necessidades específicas daquele ser. Aqueles que cometem uma infração têm a tendência de se proteger, de se defender da culpa e dos castigos que o tribunal impõe. Em geral, são silenciados; os advogados normalmente falam por eles. Eles têm poucas oportunidades de demonstrar arrependimento ou raiva, uma vez que esses sentimentos podem atrapalhar a sua defesa. A imprensa costuma reduzir os ofensores a "animais", destituídos de emoções.

Quando proferidas as decisões judiciais, os infratores "recebem" o castigo e "levam" aquilo que merecem. Essa passividade não promove responsabilização. Quem causou o dano raramente ouve falar ou enxerga os impactos do crime que cometeu. Mesmo que tenha consciência do dano, são poucas as oportunidades de repará-lo.

A despeito das expectativas da sociedade, a prisão quase sempre cria mais barreiras do que oportunidades para a verdadeira responsabilização. Os presos são física e emocionalmente separados tanto de suas famílias quanto da comunidade em geral. Essa separação gera uma cegueira em relação aos danos ocasionados pelo crime e bloqueia os esforços de repará-los.

O ambiente da prisão também causa um impacto pessoal no preso. A segregação passa a mensagem de que os encarcerados não têm valor. Mesmo quando têm a intenção de criar membros responsáveis da comunidade, as prisões tiram a responsabilidade dos indivíduos, submetendo-os a um controle constante. As prisões efetivamente silenciam os presos minimizando a sua humanidade. Nesse ambiente, muitos detentos lutam por respeito, se defendendo contra qualquer coisa que ameace a sua necessidade de respeito.

Enquanto alguns presos conseguem superar a prisão, para outros, se já é difícil fazer um exame de consciência como parte do processo de cura pessoal, muito mais difícil é encarar o crime que cometeram e assumir a responsabilidade por isso.

O sistema de justiça criminal normalmente foca em apenas um aspecto dos indivíduos – o dano que causaram – e ignora os outros, inclusive os seus pontos fortes. Além disso, o sistema os congela no tempo. Os que cometem crimes permanecem "criminosos". Mesmo alguns termos como "ex-criminoso" ou "egresso" limitam a sua humanidade. Muitas políticas sociais – como a perda de direitos políticos e a discriminação na busca de empregos – sugerem que aqueles que cometem crimes "não têm direito" à vida em comunidade.

A justiça restaurativa tenta fazer justiça de uma forma que seja capaz de promover uma verdadeira responsabilização para com a vítima e também a recuperação pessoal. As oito necessidades de justiça mostram como fazer isso.

AS NECESSIDADES DE JUSTIÇA DOS OFENSORES

Os ofensores precisam tanto de **relacionamentos** quanto de **segurança** para lidar com os impactos e as causas do crime. Relacionamentos saudáveis proporcionam o suporte e o encorajamento necessários para buscar responsabilização e cura. Segurança é o que torna possível à pessoa que cometeu o dano sentir-se vulnerável sem ter medo de ser humilhada ou julgada.

Às vezes, pode ser necessário que o ofensor se afaste da comunidade por questões de segurança. Nesses casos, mesmo durante o tempo de separação, os ofensores precisam manter o acesso a relações significativas e seguras, especialmente com a família. E o lugar para onde irão não pode lhes causar mais danos. Respeito, cuidado, confiança e humildade fazem com que um ambiente não cause danos e também promova responsabilização e cura.

> *"É perigoso na prisão. Você tem de escolher andar com pessoas que não te coloquem para baixo e que não te causem problemas."*[24]

> *"Programas não são capazes de reabilitar; é você mesmo quem tem de se reabilitar."*[25]

Os infratores se deparam com uma obrigação dupla: a responsabilização e a recuperação pessoal. Para que possam atendê-las de forma significativa, precisam ter voz ativa. Com o empoderamento pessoal, eles não mais "recebem apenas o seu castigo". Ao invés disso, participam ativamente da busca por compreensão e justiça. Esse empoderamento leva em conta as habilidades internas de cada um, mas também é necessário que cada um receba orientação de modo a garantir que as necessidades de justiça de todos os envolvidos sejam satisfeitas no processo.

A **responsabilização** é o processo de "endireitar as coisas" de uma forma que esteja diretamente relacionada com o crime e com as pessoas atingidas por ele. Inclui o seguinte:

OS ELEMENTOS DA RESPONSABILIZAÇÃO

1. Reconhecer que cometer um crime é uma escolha e aceitar que a vítima não é responsável nem pelo crime nem pela pena imposta.
2. Entender como o crime prejudica os outros e assumir a responsabilidade pelos danos causados.
3. Dar passos em direção à reparação dos danos.

A responsabilização é estendida aos três outros participantes da justiça restaurativa – as vítimas, a família dos ofensores e a comunidade.

> "Não é possível racionalizar qualquer parte do crime que cometi."[26]

> "Só espero que, seja como for que eu vá passar o resto da minha vida, na prisão ou não, [a família da vítima] possa de alguma forma ver que eu entendo o que fiz e que estou tentando mudar a vida de outras pessoas. Espero que de algum modo isso compense a minha irresponsabilidade anterior."[27]

A responsabilização requer uma profunda compreensão do crime e dos impactos causados na vítima. Não há apenas uma forma de alcançar esse entendimento. Isso pode se dar em conversas com a vítima, ao ler uma declaração sobre o impacto do crime ou ao ouvir outras vítimas compartilharem as suas histórias. O entendimento pode ser alcançado também pela compreensão de uma experiência pessoal de vitimização.

O crime impacta as pessoas de formas diferentes, de modo que a reparação do dano varia de uma para outra e de uma situação para outra. Descobrir como reparar o dano frequentemente requer alguma troca de informação entre o ofensor e a vítima ou com os representantes dela. A indenização é um jeito importante de "endireitar as coisas".

Contar histórias e expressar sentimentos são ações que têm um papel importante tanto na responsabilização como na recuperação pessoal. Admitir o crime requer que os infratores falem sobre o que fizeram. Fazendo isso, eles também refletem sobre os sentimentos que tiveram antes, durante e depois do crime. Dessa forma, conseguem entender melhor o impacto do crime e o que podem fazer em relação a isso.

Quando aqueles que causaram o dano contam as suas histórias e compartilham os seus sentimentos, o foco é direcionado para as causas do crime, para as ocasiões em que eles próprios podem ter sido vitimizados (antes ou depois do crime) e para os impactos da infração neles próprios. Quando essas histórias são contadas e ouvidas, o infrator passa por uma experiência de validação que o auxilia a trabalhar por sua recuperação pessoal.

> "Ainda sou uma pessoa motivada, uma pessoa assertiva. Ainda acredito em causas, mas agora minhas causas são positivas em vez de negativas... O que me mobiliza são as coisas que posso realizar."²⁸

> "Eu não conseguia me amar até o dia em que me perdoei. Só consegui mudar depois desse dia."²⁹

Aqueles que causam dano buscam **informações** para entender o crime e a resposta dada pela justiça. Algumas das perguntas são práticas e legais. O que acontece no tribunal? Qual é a melhor defesa? Irei para a prisão? Se eu for preso, o que acontecerá com a minha família? Sairei da prisão? Outras perguntas são filosóficas e espirituais. Por que eu fiz isso? Como cheguei a esse ponto em minha vida? O que tudo isso diz sobre mim como pessoa? O que o crime e a sentença significam para a minha vida? Como viverei na prisão? A jornada em direção ao sentido pressupõe a habilidade de buscar respostas para essas perguntas.

Os indivíduos escolhem se e quando querem experimentar o **crescimento** pessoal. Isso requer que removam a máscara, saiam do papel de ofensores e se voltem para o seu eu interior, seu eu verdadeiro. Para alguns, experimentar o crescimento vem antes da responsabilização. Para outros, a responsabilização significativa provoca o crescimento.

Ouvi homens e mulheres encarcerados falarem de três áreas-chave no processo de crescimento. Em primeiro lugar, eles lidam com alguns períodos de suas vidas nos quais, eles próprios, foram vítimas ou foram prejudicados por outra pessoa.

Em segundo lugar, eles voltam aos valores saudáveis e trazem esses valores para todas as áreas de suas vidas. Finalmente, buscam adquirir a formação educacional e as competências necessárias para viver uma vida plena em comunidade.

> "Passei no supletivo*... Isso me trouxe um sentimento maravilhoso. Foi a primeira vez que tive a oportunidade de deixar a minha família orgulhosa de mim... mas, além disso, me permitiu ver do que eu era capaz como indivíduo."[30]

> "Sou um homem que consegue lidar consigo e com o mundo ao seu redor. Entendo que estou aqui apenas por um tempo e que devo tentar tornar o mundo um lugar melhor do que era antes de eu chegar aqui. Sinto remorso pelas coisas que fiz em minha vida e quero tentar recompensar as pessoas contra quem eu tenha feito algo e a sociedade como um todo."[31]

A satisfação das necessidades mencionadas resulta em uma **atribuição de sentido** pessoal. A atribuição de sentido traz os infratores de volta à rede de relacionamentos. Eles transcendem a experiência e o rótulo de "ofensor". Algumas pessoas encarceradas referem-se a essa experiência como "tornar-se quem eu nasci para ser". Elas são mais uma vez (ou pela primeira vez) capazes de viver integralmente a vida com um propósito.

---

* No original, GED – General Education Diploma. O diploma equivale à aprovação no Ensino Médio. [N. da T.]

A justiça restaurativa respeita a humanidade daqueles que causam danos. A sua filosofia também incentiva, ao mesmo tempo, a responsabilização e a cura pessoal. Ao fazer isso, o ofensor recebe apoio para que possa "endireitar as coisas" não só pelos demais, mas também por si próprio. Quando aqueles que causam danos se recuperam, a comunidade também se recupera. A rede de relacionamentos se torna mais forte.

9

RECONECTANDO AS FAMÍLIAS DOS OFENSORES

Tara e sua mãe, Liz, mantiveram um bom relacionamento durante os anos em que Tara esteve presa. Mesmo assim, quando precisaram enfrentar a iminente libertação de Tara, perceberam que haviam evitado algumas questões importantes relacionadas a como seriam as coisas quando ela voltasse para casa. Especificamente, elas nunca haviam falado de uma forma aberta de quais eram os seus desejos quanto a Tara morar com Liz. Ambas estavam preocupadas e apreensivas sobre como seriam os arranjos quanto ao local de moradia. Como Tara respeitaria a casa de sua mãe? Como Liz respeitaria o fato de sua filha ser agora adulta? Como poderiam ter certeza de que não agrediriam uma à outra?

Com a ajuda de Mary, que facilita sessões de Conferências de Transição e a quem Tara havia conhecido em um dos programas da prisão, mãe e filha se encontraram para enfrentar essas e outras questões. No fim da conversa, Liz e Tara fizeram alguns acordos sobre como viver juntas e como lidar com questões relacionadas ao tempo e ao espaço. Liz comentou ao final do encontro que, apesar de exausta, estava energizada e encarando de uma forma positiva o retorno de Tara para casa.[32]

Liz foi profundamente impactada pelo crime que sua filha cometeu. Mesmo assim, ela e outras famílias como a sua poucas vezes são percebidas pelo sistema de justiça criminal. As necessidades da família representam uma relação única e específica entre o ofensor, a vítima e a comunidade. Essas necessidades ficam ainda mais complexas quando a família do ofensor é a própria vítima do crime.

> "A família está cumprindo pena. Ele pode estar pagando [pelo crime que cometeu], mas acho que não de uma forma tão intensa quanto a família está."[33]

As famílias dos ofensores estão em uma posição vulnerável. Elas sentem o impacto financeiro do crime quando, por exemplo, contratam advogados, perdem dias de trabalho para comparecer no tribunal, ou nos casos em que a pessoa que foi presa era a fonte de sustento. A comunidade com frequência julga e culpa a família. A imprensa normalmente se refere a ela apenas para contar uma "história" e muitas vezes vai longe demais para explorá-la. Os familiares são reduzidos à "mãe do criminoso" ou ao "irmão do criminoso". A família carrega o estigma do crime.

Durante todo o tempo, os parentes tentam dar algum sentido às suas próprias reações. Seus sentimentos podem ir do amor ou da culpa à raiva e ao ressentimento. Podem ter de lidar com os seus próprios sentimentos relacionados à responsabilização e ao desejo de fazer alguma reparação em nome do familiar que foi preso. Para alguns, o crime rompe de uma forma permanente os laços familiares. Outros se mobilizam e apoiam seu ente querido. O relacionamento com ele ou ela, mesmo quando rompido, permanece no centro da experiência familiar. Essas reações, complexas e variadas, podem ocorrer mesmo quando a vítima é a própria família. O sistema de justiça criminal ignora as famílias e não oferece quase nada para que as suas necessidades sejam atendidas. O processo penal é confuso e solitário. As famílias têm acesso limitado e, com frequência, muito controlado ao parente que foi preso. Esforçam-se para manter o relacionamento quando um de seus membros é mandado para a prisão. Há poucas oportunidades para que elas interajam com as vítimas, caso o desejem. Quando a família é a vítima, suas experiências são semelhantes às de outras vítimas de crime. É muito difícil que a cura da família possa acontecer em um sistema de justiça com tais características.

A justiça restaurativa não tem, tradicionalmente, incluído as famílias dos ofensores como participantes da justiça. Ainda assim, elas têm as mesmas oito necessidades que os demais têm. O restante desse capítulo explora as necessidades das famílias em três partes. A primeira parte apresenta uma visão geral das necessidades quando a família **não** é a vítima do crime. A segunda parte aborda a relação entre a família e a vítima do crime. A parte final trata brevemente de famílias que **são** vítimas diretas do crime.

AS NECESSIDADES DE JUSTIÇA
DAS FAMÍLIAS DOS OFENSORES

As famílias precisam que se reconheça que também são impactadas pelo crime. Desse impacto decorrem necessidades de **relacionamento** e **segurança** que envolvem tanto a comunidade como o familiar que cometeu a infração. Elas merecem receber cuidado, apoio e acolhimento da comunidade. As relações comunitárias seguras protegem-nas de julgamento, culpabilização e ofensas; bem ao contrário, promovem validação e respeito.

As famílias (adultos e crianças igualmente) precisam de uma oportunidade para descobrir como manter um relacionamento de confiança, que seja honesto e empático, com aquele que cometeu o crime. E elas também se preocupam com o bem-estar do familiar preso, buscando formas de se certificar de que ele está em segurança. As crianças, em particular, precisam de amor e apoio. Como o relacionamento entre pais e filhos é difícil na prisão, as crianças precisam de atenção especial à medida que vão tendo de aprender a se relacionar à distância ou circunscritas ao ambiente de visita da prisão. Esses relacionamentos são ainda mais difíceis quando as crianças estão em meio a conflitos parentais.

"Ele construiu um lar para si na prisão. São os outros, do lado de fora, que não conseguem ter um lar."[34]

"Meu filho estava com muito medo de contar para a sua mãe como ele estava bravo e temeroso."[35]

O **empoderamento** anda de mãos dadas com os relacionamentos seguros. As famílias precisam da oportunidade de tomar decisões sobre seus relacionamentos e sobre como fazer para que funcionem. Esse tipo de controle está quase sempre ausente, ainda mais quando uma pessoa querida está na prisão. As famílias ficam à mercê de políticas que criam barreiras aos relacionamentos. No entanto, quando empoderadas, conseguem criar e manter relacionamentos saudáveis.

O empoderamento também envolve a participação no processo de justiça. A família do ofensor teve pouco – se é que teve algum – controle em relação às ações daquele que cometeu a infração. Para que o controle seja recuperado, é preciso auxiliá-la a tomar as decisões que afetam os seus membros. Além disso, em razão do relacionamento com o ofensor, é preciso que a família participe da definição da forma como ele será responsabilizado perante os que foram afetados pelo crime e como terá as suas próprias necessidades atendidas.

Ao lidar com o crime, as famílias se deparam com duas espécies de identidade: como membros da família e como pessoas impactadas pelo crime. Suas necessidades de **expressão de sentimentos** e de **contar histórias** são, então, únicas e diferenciadas. A família tenta dar algum sentido ao impacto do crime em suas vidas e às suas reações pessoais. E se esforça para compreender tanto aquele que cometeu o crime como o significado do crime para a unidade familiar.

> *"Fico com raiva por ter que cuidar das crianças, porque a minha vida virou de cabeça para baixo."* [36]

> *"Eu não sabia mais o que estava acontecendo a partir do momento em que ele foi preso. Eu não sabia o que fazer até que era tarde demais."* [37]

Os familiares passam por sentimentos muito diferentes, e até conflitantes, como raiva, amargura, compaixão, confusão e medo. Podem ter todos esses sentimentos em relação ao autor da infração. A família pode também experimentar empatia e se sentir responsável pela vítima. As crianças precisam compreender que todos esses sentimentos são normais.

As histórias que acompanham esses sentimentos podem ser sobre o crime, a prisão e seus efeitos, e até mesmo sobre a vida da família antes e depois do crime. A habilidade de compartilhar sentimentos e histórias requer uma comunicação significativa, o que geralmente é difícil quando um ente querido está preso. Os familiares podem até mesmo ter vontade de conversar e de expressar seus sentimentos para a vítima.

O duplo papel das famílias cria dois tipos diferentes de necessidades de **informação**, levando-as a formular, em relação ao crime, as perguntas "o quê", "por quê" e "como". Também fazem questionamentos mais pessoais e introspectivos. Por que estou reagindo dessa forma? O que o crime diz sobre mim? O que isso significa para a família? Outras perguntas revelam uma preocupação com o parente que cometeu a infração. Será que ele está seguro? Como posso ajudá-lo? O que posso fazer para compensar o que ele fez? Essas perguntas são práticas, relacionais e espirituais ao mesmo tempo.

As crianças procuram suas próprias informações. Talvez o mais importante que queiram saber é se seus pais as amam e se pensam nelas. As que já presenciaram muitos crimes se perguntam com frequência se o crime é uma coisa certa. Os filhos cujos pais estão presos têm preocupações relacionadas à segurança deles, à vida na prisão e a como serão as coisas quando os pais voltarem para casa. Suas perguntas demandam respostas honestas, realistas e que sejam apropriadas à idade que têm. As crianças podem precisar da ajuda de um adulto para dispersar o medo e expor alguns mitos sobre a prisão, sem glamorizar o crime ou a prisão. Essas informações ajudam-nas a se sentirem mais seguras.

O crime cria uma oportunidade de **crescimento** para a família. Considerando que as suas necessidades e as do ofensor são coincidentes, o crescimento requer um tipo de relacionamento que seja recíproco, comprometido e consistente. Durante esse período de crescimento, as famílias podem cuidar de seus relacionamentos ao valorizarem os laços que são fortes e consertarem aqueles que estão rompidos, ao mesmo tempo em que tratam dos impactos do crime e de suas causas.

Esse trabalho com os relacionamentos desafia os membros da família a superar a negação tanto do crime como da condenação, pois precisam nomear valores e conversar sobre como seguir em frente. Os familiares podem estabelecer limites. Especialmente em relação a uma pessoa querida que está presa, os papéis podem mudar. Por exemplo, a avó pode se transformar em mãe. O cônjuge que permanece em casa pode se tornar mais independente à medida que assume mais responsabilidades. Crescimento significa compreender esses novos papéis e relacionamentos.

O crescimento pessoal de uma criança ajuda a prevenir futuras infrações e encarceramento. Um crescimento bem-sucedido requer que os pais (mesmo separados) e os guardiões se comprometam, juntos, a amar e a cuidar daquela criança.

Como o crescimento, a **responsabilização** é recíproca, é uma via de mão dupla entre o ofensor e a família. O autor da infração admite que a sua ação foi uma escolha, encara a forma como o crime impactou os seus parentes e busca ativamente consertar as coisas com eles. A responsabilização por parte da família requer o mesmo, possibilita abordar as possíveis causas do cometimento da infração que estejam relacionadas a ela própria, mas lida com isso dentro da unidade familiar.

> "Descobri que podia ser feliz mesmo que meu pai estivesse preso."[38]

> "Tenho alguns amigos agora, suas mães usam drogas, e nós podemos sentar e conversar sobre isso. Uma coisa que nos ajuda é saber que não estamos sozinhos e que ainda podemos fazer aquilo que viemos aqui para fazer, porque eu sinto que todos viemos aqui por algum motivo."[39]

As famílias mudam quando precisam encarar o crime. Atender às suas necessidades de justiça as ajuda a se adaptar e a ir em frente. Assim como os indivíduos, a família estabelece uma nova compreensão acerca de quem é. Seus membros também experimentam uma nova compreensão acerca de quem são como indivíduos dentro da unidade familiar. Eles encontram **sentido**.

Dando atenção às suas necessidades de justiça, as famílias dos ofensores seguem adiante em sua própria jornada de cura em busca de um sentido. Fazendo assim, elas podem dar apoio ao parente infrator que também segue sua própria jornada. A justiça restaurativa oferece uma maneira de respeitar as famílias dos ofensores e de reconstruí-las dentro da comunidade. Assim, a rede de relacionamentos se fortalece.

A FAMÍLIA E A VÍTIMA DO CRIME

Embora as famílias não compartilhem a responsabilidade pelo dano causado por um de seus integrantes, muitas sentem que têm alguma obrigação para com a vítima e desejam lhe fazer reparos em nome do familiar infrator. Azim Khamisa e Ples Felix, cujas histórias foram mencionadas na página 19, são exemplos do que pode acontecer quando há um relacionamento família-vítima. Este é um relacionamento que traz um sentido adicional às oito necessidades de justiça. A família pode se sentir obrigada a reconhecer os danos causados à vítima por um de seus integrantes. Mesmo que não tenham sido os autores do crime, os familiares sabem perfeitamente o dano que foi causado. Eles são um recurso importante para ajudar o ofensor a compreender o impacto do crime e a endireitar as coisas. O reconhecimento do dano por parte da família do ofensor, seja de forma pública ou privada, serve para liberar a vítima de qualquer responsabilidade, o que, para ela, é uma necessidade importante. Seja simplesmente encorajando o ofensor ou auxiliando de forma ativa na reparação do dano, a família promove a justiça e a recuperação da vítima.

A preocupação da família com a responsabilização e com a vítima sugere que as necessidades de ambas as partes podem ser correspondentes. Por exemplo, a família pode desejar conversar sobre a sua preocupação com a própria vítima. Pode sentir necessidade de se desculpar junto a ela ou de fazer declarações de responsabilidade em nome do parente que cometeu a infração. Pode ser que os seus membros tenham perguntas para a vítima ou que desejem responder às perguntas dela. Eles podem querer garantia de segurança para si próprios – por temerem alguma retaliação – e para a vítima, como resposta à ação do ofensor. Não são todas as famílias que sentem essa conexão com a vítima, mas quando sentem, normalmente precisam encontrar as suas próprias maneiras de dar conta disso, uma vez que as suas necessidades não são atendidas pelo processo de justiça.

Quer a família do ofensor se relacione diretamente com a vítima quer não, os caminhos para a recuperação de ambos são de fato paralelos e às vezes se cruzam.

QUANDO A FAMÍLIA É A VÍTIMA

Algumas pessoas cometem crimes contra suas próprias famílias. Quando isso acontece, o impacto no grupo familiar se dá de formas muito complexas. As necessidades decorrentes de tal situação são uma combinação das necessidades da vítima com as da família do ofensor. Se a sua família foi a sua vítima, sugiro que você leia o capítulo 7 depois deste.

> *O filho de Suzette matou um homem em um acidente e em seguida fugiu. Suzette descobriu depois que o homem era um padre branco. Ao saber disso, seus pensamentos se direcionaram a um único fato: seu filho era negro. Ela pensou consigo: "Vão pendurá-lo vivo. Ele tem duas circunstâncias muito graves contra si – não apenas matou um caucasiano, mas também um padre". Suzette chamou sua orientadora espiritual e pediu-lhe que rezasse pela família da vítima em primeiro lugar, depois por seu filho e depois por ela própria.*
>
> *Suzette estava sozinha na audiência de sentenciamento. Teve medo quando viu que todos os membros da família da vítima estavam presentes. Ela não sabia como eles iriam reagir. Suzette também os ouviu ler um requerimento propondo uma pena leve para o seu filho. Eles não queriam vingança. Queriam honrar os valores que seu irmão defendia e seu trabalho com delinquentes juvenis.*
>
> *Quando Suzette expressou suas condolências por intermédio do promotor de justiça, ele disse que a família queria se encontrar com ela e que havia rezado por ela. Fora do tribunal, Suzette e a família da vítima rezaram juntas. Suzette disse depois que "não há palavras para expressar o poder desse tipo de perdão e compaixão. Essas pessoas, que haviam há pouco perdido o irmão, foram mandadas pelo mensageiro divino para me ajudar a manter o meu coração aberto. Este foi um ato de profunda redenção".*[40]

Essa combinação, de ser família e vítima, enseja algumas reações confusas e, eventualmente, conflitivas. Por vezes, as necessidades da família como vítima são prioritárias em relação àquelas que possam ter no papel de parentes do ofensor. Por questões de segurança, pode ser necessário que os seus membros fiquem afastados, pelo menos por um tempo. Pode ser que os relacionamentos se mantenham, mas agora com limites muito claros, ou pode ser que deixem de existir. A responsabilização é necessária, mesmo que a família não volte a se reunir de novo como uma unidade. Aqueles que praticaram crimes contra as suas famílias demonstram respeito se reconhecerem os seus membros como vítimas do crime e se responsabilizarem por isso.

Este capítulo apenas arranhou a superfície das experiências e necessidades da família do ofensor. É necessário explorar mais a fundo para que se possa compreender totalmente de que forma as famílias se encaixam na filosofia da justiça restaurativa e nas suas práticas. De qualquer forma, à medida que essa investigação continua, é importante se lembrar das famílias dos ofensores quando se faz justiça.

10
PRÁTICAS DE JUSTIÇA RESTAURATIVA

A justiça restaurativa é uma **filosofia** que pode ser **praticada** de várias maneiras diferentes. As práticas restaurativas variam de acordo com quem esteja incluído no processo e de acordo com as formas de atender às necessidades dos participantes. Não obstante a variação, todas essas práticas compartilham do mesmo comprometimento em relação a cada participante e promovem tanto a responsabilização como a restauração. Valores como respeito, cuidado, confiança e humildade prevalecem. Em última análise, as práticas restaurativas buscam restaurar a rede. Este capítulo traz uma estrutura para a compreensão de cinco tipos de práticas comuns.

PRÁTICAS RESTAURATIVAS

Há muitas formas de compreender a justiça restaurativa. Uma forma é identificar quantos elementos restaurativos são utilizados em uma prática em particular. Algumas podem usar mais elementos e assim podem estar mais próximas de serem totalmente restaurativas do que outras. Outra forma é identificar os diferentes níveis em que a prática ocorre – individual, relacional ou social.

> As práticas restaurativas honram
> os participantes da justiça ao:
> - respeitar as suas necessidades;
> - promover responsabilização e cura;
> - praticar respeito, confiança, cuidado e humildade;
> - reconstruir a rede.

Práticas de Justiça Restaurativa

NÍVEIS DE PRÁTICAS RESTAURATIVAS

(1) Socialmente restaurativa
(2) Relacionalmente restaurativa
(3) Individualmente restaurativa

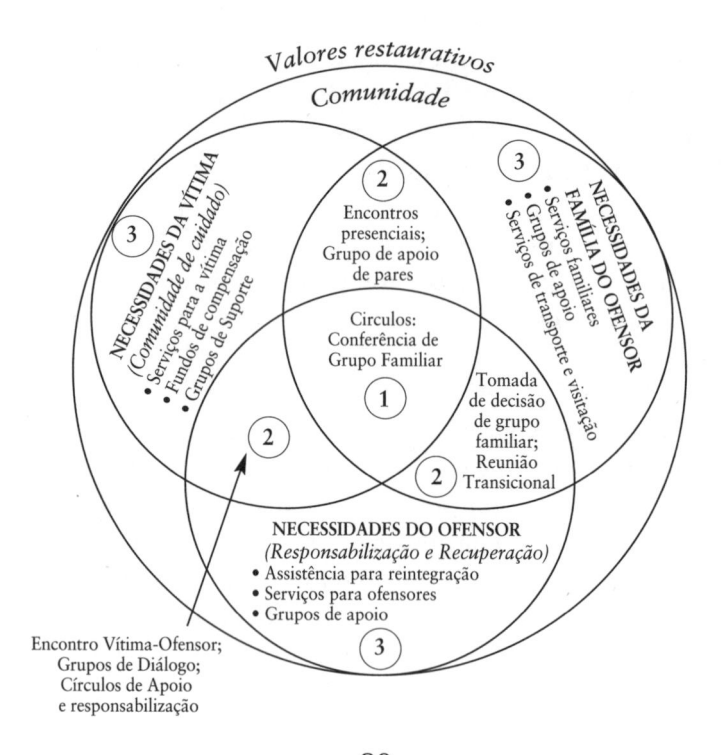

Valores restaurativos
Comunidade

NECESSIDADES DA VÍTIMA
(Comunidade de cuidado)
- Serviços para a vítima
- Fundos de compensação
- Grupos de Suporte

(2) Encontros presenciais; Grupo de apoio de pares

Círculos: Conferência de Grupo Familiar

(1)

Tomada de decisão de grupo familiar; Reunião Transicional

NECESSIDADES DA FAMÍLIA DO OFENSOR
- Serviços familiares
- Grupos de apoio
- Serviços de transporte e visitação

NECESSIDADES DO OFENSOR
(Responsabilização e Recuperação)
- Assistência para reintegração
- Serviços para ofensores
- Grupos de apoio

Encontro Vítima-Ofensor;
Grupos de Diálogo;
Círculos de Apoio
e responsabilização

O diagrama acima oferece uma maneira de compreender os diferentes níveis de práticas. O centro do diagrama, onde se dá a intersecção dos três círculos, corresponde às práticas ou programas **socialmente restaurativos** (1), que, não apenas respondem às necessidades dos participantes com uma resposta de justiça específica, mas também criam oportunidades para que se possa lidar com questões sociais mais amplas relacionadas ao crime. Logo fora do centro, há exemplos de práticas que são **restaurativas no campo relacional** (2), que respondem a duas sortes de necessidades sobrepostas de dois grupos de participantes entrecruzados. A parte dos círculos que fica fora das áreas sobrepostas representa as práticas **restaurativas individuais** (3), que focam exclusivamente naquelas necessidades individuais de justiça que não envolvem interação com as necessidades de outros participantes.

Muitas das práticas no centro desse diagrama – as sociais e as relacionais – reúnem as pessoas, inclusive membros da comunidade, para falar do que aconteceu e do que precisa ser feito. No entanto, as práticas restaurativas não exigem necessariamente que aconteçam encontros presenciais. O que é necessário, no mínimo, é que todas as necessidades e todas as questões trazidas pelos participantes sejam cuidadas e encaminhadas com a utilização de uma prática que honre os princípios e os valores restaurativos.

A borda mais externa do diagrama representa a comunidade, que, por sua vez, circunda cada um dos três círculos de participantes, simbolizando seu apoio e sua responsabilidade. Também representa que a comunidade é, em cada prática, uma parceira importante, e algumas vezes é também participante. As conexões entre a comunidade e os círculos internos também representam um papel de ativismo, isto é, representa a comunidade levando a sério as suas relações com cada participante da justiça restaurativa para promover uma mudança do sistema e da comunidade.

Os princípios e valores restaurativos envolvem a comunidade, a qual se relaciona com os participantes e com os processos baseados nesses princípios e valores. E por extensão, todas as práticas dentro do círculo, mesmo as restaurativas individuais, são guiadas por princípios e valores restaurativos. Um sistema completo de justiça restaurativa pressupõe a utilização de todas as práticas restaurativas.

Esse modelo destaca apenas algumas práticas comuns da justiça restaurativa. Como os estudos de caso neste livro sugerem, há muitas maneiras criativas de aplicar os valores da justiça restaurativa e de atender aos interesses dos participantes. O restante deste capítulo explora algumas das práticas mais comuns e introduz a ideia de um sistema restaurativo.

ENCONTROS PRESENCIAIS

Os encontros presenciais entre os participantes são as mais comuns das práticas restaurativas.[41] Mesmo não sendo a opção adequada para todos os casos, os encontros são considerados satisfatórios e poderosos por aqueles que optam por participar deles.

> O facilitador demonstra o mesmo cuidado e a mesma preocupação para com todos os participantes.

Um facilitador ajuda cada participante a decidir se o encontro é adequado para ele ou para ela. O facilitador explica o processo, responde às perguntas e conversa sobre os objetivos dos participantes, suas expectativas e preocupações acerca do encontro. Durante todo o tempo, o facilitador demonstra o mesmo cuidado e a mesma preocupação para com todos os participantes.

Se cada um dos participantes da justiça restaurativa desejar o encontro, o facilitador vai prepará-los para que se reúnam. Durante a preparação, examinam-se melhor os objetivos dos participantes, identificando o que cada um gostaria de falar e de escutar, suas necessidades de segurança e os processos específicos que serão utilizados.

O facilitador é quem conduz o encontro. Neste papel, 1) cria um ambiente seguro no encontro; 2) apoia os participantes enquanto dizem o que precisam dizer; 3) demonstra respeito para com todos os presentes; e 4) ajuda os participantes a atingir seus objetivos. O papel do facilitador é mais bem compreendido como o de uma testemunha silenciosa, mas ativamente engajada. O encontro, em última análise, pertence aos participantes.

Mesmo havendo algumas diferenças, essa descrição genérica do processo de selecionar, preparar e conduzir um encontro é similar em todos os modelos. A seguir, analiso com mais detalhes os Círculos, as Conferências de Grupo Familiar e as Conferências Vítima-Ofensor.

CÍRCULOS

Depois de ter ficado sob efeito de entorpecentes por alguns dias, George, 17 anos, foi preso por porte de drogas quando, ao dirigir, saiu com o carro para fora da estrada. Ele se sentou em um Círculo com a comunidade para tratar das acusações. George falou muito pouco enquanto os demais manifestaram sua raiva com o fato de ele usar drogas e dirigir de forma perigosa. Finalmente, George disse: "Não me importo com a morte. Morrer não me incomoda. O que me importa é me divertir tanto quanto possível".

O rumo da conversa mudou de repente. Os participantes do Círculo se lembraram de terem se sentido da mesma forma quando eram adolescentes ou de escutar coisas parecidas de seus próprios filhos. Essa indiferença para com a morte passou a ser o foco da sentença. O Círculo, George inclusive, concordou que ele iria fazer um curso de treinamento em um lar de idosos para aprender a cuidar de pessoas que estão à beira da morte.[42]

Os Círculos reúnem todos os participantes da justiça restaurativa, inclusive membros da comunidade mais ampla, para lidar com o crime. Ao se sentar no Círculo, cada participante fala do crime a partir de sua própria perspectiva. Os participantes criam juntos um plano para que aquele que causou o dano repare a vítima e a comunidade. O plano também envolve um cuidado com as causas do crime.

Um "guardião" facilita e participa do Círculo. Ele faz circular entre todos o bastão de fala – objeto simbólico que promove tanto a escuta como a fala. As pessoas só falam quando estão com o bastão em mãos. E o bastão vai passando de um para o outro no Círculo até que todos tenham falado tudo o que tinham para falar. O tempo e o comprometimento dirigidos ao processo estimulam o respeito ao relacionamento entre todos, incluindo suas diferenças e semelhanças. E esse respeito, por sua vez, estimula o cumprimento do plano.

CONFERÊNCIAS DE GRUPOS FAMILIARES

Um adolescente atacou e roubou dinheiro de sua avó. Recém-chegada ao país e sem um sistema de apoio, a avó estava preocupada com as contas que não teria como pagar. O adolescente, apoiado por um professor e por uma organização de refugiados, e a avó, apoiada por uma organização de apoio às vítimas, se encontraram. O encontro começou com uma oração feita na língua natal deles e seguiu com o relato de ambos sobre o que tinha acontecido. Enquanto a avó contava a sua história, o neto ficou com os olhos cheios de lágrimas. O neto falou de sua experiência no campo de refugiados e da pressão que sentia por ter de se ajustar a um novo país. Os dois membros da família se sentiam do mesmo jeito. Eles chegaram a um acordo segundo o qual o neto iria devolver todo o dinheiro e morar em outro lugar, separado de sua avó, até que ela se sentisse segura de novo; iria também receber aconselhamento, fazer trabalho comunitário e frequentar a escola. Um mentor, alguém de sua própria cultura, concordou em acompanhá-lo para garantir que ele cumprisse suas obrigações. Não apenas as obrigações foram cumpridas, como ambos, avó e neto, formaram uma nova rede de apoio na comunidade.[43]

As Conferências de Grupos Familiares (CGFs) reúnem aquele ou aquela que causou o dano, sua família, a vítima e seus familiares ou grupos de apoio. Se for o caso, outras pessoas são incluídas, como representantes de organizações comunitárias ou policiais. Depois que cada participante fala o que aconteceu, o ofensor e a família se reúnem em privado e elaboram um plano para lidar com o crime. A família apresenta o plano aos demais participantes e, juntos, eles o modificam e finalizam.

As Conferências são, no mais das vezes, utilizadas com jovens e trabalham sempre com a premissa de que é a família efetivamente quem mais entende do crime, em particular de suas causas e das formas de responder a ele; e também com a premissa de que a família precisa ser empoderada para poder responder. Em uma CGF, a família é capaz de lidar tanto com as causas do crime ligadas a ela própria como com o seu impacto. A técnica empodera-a, possibilitando-lhe que trabalhe com as relações entre seus membros e que desenvolva alguns recursos internos, os quais, com o apoio da comunidade, a ajudarão a cumprir o plano.

CONFERÊNCIAS VÍTIMA-OFENSOR

> Um jovem casal foi assassinado por um amigo e seu comparsa. As mães dos falecidos se tornaram próximas depois do ocorrido. Ambas estavam querendo se encontrar com um dos autores do crime. Uma mãe queria descobrir o que realmente tinha acontecido. A outra mãe da mesma forma queria descobrir a verdade e também estava interessada em ter informações sobre o ofensor, sua família e antecedentes, queria saber o que ele fazia na prisão. Ela também pensava em perdão. Mesmo ansioso, o autor concordou com o encontro, tendo a sua própria mãe como apoio.
> Por muitas horas, o homem e as mães conversaram. A mãe que buscava informações ficou satisfeita com aquilo que ouviu. A outra mãe falou o que queria falar e descobriu mais coisas sobre o homem. Durante o processo, as mães das vítimas puderam ver o agressor como uma pessoa de verdade e não como um monstro. Quanto a ele, o encontro trouxe muitas emoções e ele se sentiu aliviado por ter conversado com as mães. Sua mãe também ficou grata pela experiência. Ela continua dando apoio para o seu filho e atenção às necessidades das outras mães. [44]

As Conferências Vítima-Ofensor, também conhecidas como Diálogo Vítima-Ofensor ou Mediação, reúnem a vítima e o ofensor para que falem sobre o crime. Os participantes podem trazer as pessoas nas quais se sintam apoiados, se assim desejarem. Algumas formas de abordar as Conferências focam exclusivamente no Diálogo. Outras abordam acordos de reparação. Outras deixam que a vítima e o ofensor decidam sobre qual será o foco. Independentemente da abordagem, as Conferências dizem respeito aos ofensores, às vítimas e a cada uma de suas necessidades individuais.

Há uma grande diversidade entre os programas de Conferência. Alguns trabalham apenas com ofensores jovens, outros apenas com adultos. Alguns focam em crimes violentos, outros em não violentos. Alguns acontecem poucas horas depois da ocorrência do crime; outros, anos mais tarde.

As Conferências podem acontecer por iniciativa da vítima ou do ofensor, podem substituir o processo criminal no sistema de justiça, ou acontecer na fase da sentença dentro do processo criminal. Algumas Conferências são realizadas enquanto o ofensor está preso, outras quando já se encontra em livramento condicional. Essa diversidade faz com que seja possível criar programas diferentes em uma grande variedade de cenários.

GRUPOS DE DIÁLOGO

Sentados com um grupo formado por presidiários e voluntários de fora da prisão, Bob e Kathy falaram do assassinato de seus três filhos causado por um motorista embriagado. Mostraram as fotografias de seus filhos e falaram de sua dor e de suas lutas com questões envolvendo vingança, justiça, perdão e amor. Todo o restante do grupo escutava, todos estavam visivelmente abalados. Durante as semanas seguintes, reunidos em pequenos grupos de presos e voluntários, cada participante foi, a sua vez, contando suas próprias histórias pessoais. Falaram de assaltos e assassinatos, de tráfico de drogas e de dependência química. Conversaram sobre emoções compartilhadas – cobiça, violência, isolamento, coragem, amor e esperança. Fizeram juntos um exame de consciência. Ao término de cada sessão, os participantes ofereciam uma reflexão de encerramento.[45]

Os Grupos de Diálogo reúnem vítimas, ofensores e membros da comunidade não relacionados entre si. Os facilitadores planejam e conduzem a fase de contação de histórias e os diálogos sobre tópicos como causar danos, vitimização, justiça, reparação, perdão e reconciliação. Essas práticas são utilizadas com mais frequência nas prisões.

Mesmo que os participantes não estejam relacionados a um mesmo crime, os Grupos de Diálogo oferecem uma forma de atender às necessidades de justiça de cada um deles. Os participantes contam as suas histórias e, em resposta, recebem a validação de suas experiências e sentimentos. Aqueles que cometeram uma infração falam de seu remorso e de sua responsabilidade, oferecendo uma justificação simbólica aos participantes vitimizados. Enfim, dão-se conta dos impactos e das causas do crime. Os participantes experimentam muitos dos benefícios proporcionados pelos encontros presenciais.

Os participantes dos Grupos de Diálogo se comprometem a aprender uns com os outros e a entender-se mutuamente. Primeiro vistos apenas como "vítimas" e "ofensores", com frequência descobrem que compartilham as mesmas esperanças, sonhos, dores e alegrias. Podem desenvolver um sentimento de compaixão e de cuidado mútuo. O diálogo também inspira um senso de esperança em relação a mudanças na comunidade.

Alguns grupos até mesmo desenvolvem planos para trabalhar juntos em projetos relacionados à justiça. A estrutura dos grupos varia de acordo com os programas. Os grupos podem se valer de Círculos, conversas em grupos menores e maiores, atividades em grupo ou palestras feitas pelas vítimas. Outros recorrem a expressões artísticas, exercícios de redação, utilizam apostilas ou guias escritos para a discussão. Os grupos podem se encontrar por quatro a doze sessões, durante semanas ou meses. Enquanto muitos grupos acontecem dentro das prisões, outros se reúnem nas comunidades. Essa flexibilidade faz com que seja possível desenhar modelos de programas que atendam a uma grande variedade de necessidades e atraiam uma grande variedade de pessoas.

CÍRCULOS DE APOIO E RESPONSABILIZAÇÃO

Dois anos antes de sair da prisão, Jade sentiu que precisava de apoio para retornar à comunidade e então pediu um Círculo.

O Círculo dela contava com três voluntários treinados e se encontrava todas as quartas-feiras na prisão. À medida que riam e choravam juntos, passaram a conhecer um ao outro e a se transformar em pessoas de confiança.

Quando da libertação, o Círculo estava em torno dela. Eles a ajudaram com a alimentação, na procura por emprego e a encorajaram durante seus momentos difíceis. Agora, Jade já está na comunidade há mais de dois anos e meio. Ficou empregada por dois anos e já teve várias promoções. O Círculo, que agora já tem estado junto há quase cinco anos, ainda mantém contato e oferece apoio quando qualquer um deles tem necessidade. Agora que a vida dela está estabilizada e indo bem, Jade está pronta para resolver algumas pendências do seu passado.[46]

Os Círculos de Apoio e Responsabilização (Circles of Support and Accountability, CSA em inglês) reúnem pessoas que estão deixando a prisão com voluntários que oferecem apoio durante o processo de transição no retorno à vida em comunidade. O CSA também atende às necessidades da comunidade e da vítima ao acrescentar um elemento de responsabilização. Com este propósito, membros da comunidade e a vítima, ou representantes dela, participam do Círculo.

O CSA tem a participação do ofensor, chamado de "membro central", e um pequeno grupo de membros treinados da comunidade. O CSA começa seus encontros enquanto o membro central ainda está na prisão. Depois da liberdade, o Círculo continua a se encontrar com regularidade, normalmente uma vez por semana. Alguns Círculos ficam juntos por vários anos.

Durante os encontros, conversa-se no Círculo sobre como as coisas estão indo, as experiências de sucesso e os obstáculos encontrados, e as necessidades do membro central. Trabalham juntos para resolver problemas. O Círculo ajuda-o na medida em que ele ou ela se depara com necessidades práticas e constrói novos relacionamentos. Como a história de Jade demonstra, os membros do Círculo ficam ativamente envolvidos com a vida rotineira do membro central. O CSA também pode defender os interesses dele ou dela dentro da comunidade.

O CSA é comprometido com interações abertas, empoderadoras e confiáveis. Ao fazer isso, o Círculo vai modelando uma vida social saudável e responsável, além de promover a responsabilização para com as vítimas e a comunidade. Por exemplo, o Círculo ajuda o participante central a evitar situações nas quais ele ou ela poderia correr o risco de reincidir. Mesmo que a vítima e a comunidade não estejam diretamente envolvidas, seus interesses são mesmo assim atendidos pelo Círculo.

UM SISTEMA RESTAURATIVO

Muitas dessas práticas restaurativas existem paralelamente ou mesmo dentro do sistema de justiça criminal. Por exemplo, a Mediação Vítima-Ofensor é às vezes utilizada para retirar infratores juvenis do sistema de justiça criminal. Os Círculos têm sido usados para a elaboração de uma sentença, inclusive sentenças que mantêm pessoas fora da prisão. Alguns estudos demonstram que os participantes, especialmente vítimas e ofensores, experimentam uma maior satisfação com o processo de justiça quando as práticas restaurativas são utilizadas.

No entanto, um sistema de justiça criminal que simplesmente oferece práticas restaurativas é diferente de um **sistema de justiça restaurativa**, construído desde a raiz até o topo com base nos princípios da rede e nas crenças e nos valores restaurativos. As práticas restaurativas não seriam apenas um "extra", mas seriam centrais no processo.

Um sistema assim seria visto e percebido de uma maneira bem diferente pelos participantes do sistema de justiça. Desde o momento da prisão, a justiça olharia para os danos experimentados pelas vítimas. Cada aspecto do processo de justiça iria promover a responsabilização e a recuperação do ofensor, cujos familiares seriam convidados a permanecer ao seu lado em cada passo que vai dando em direção à reparação do dano. Tudo no sistema seria concebido com o propósito de respeitar os indivíduos, restabelecer relacionamentos e promover o bem comum.

Não existe hoje em dia nenhum sistema que seja assim, integralmente restaurativo. No entanto, em várias comunidades, discutem-se implicações e possibilidades. O sistema de justiça juvenil da Nova Zelândia é o que mais se aproxima de um sistema restaurativo assim. Quando o sistema é utilizado da forma como foi concebido, as infrações graves cometidas por jovens desse país são encaminhadas para as Conferências restaurativas e não ao tribunal, que tem o papel apenas de um "sistema-reserva".[47]

11

Práticas restaurativas, justiça e prisão

Tendo participado de encontros por nove semanas, um grupo de mulheres presas senta-se em círculo para uma jornada de cura. Para participar desse Círculo, elas devem reconhecer a responsabilidade pelos crimes que cometeram e estar preparadas para falar abertamente sobre isso com os outros participantes. Não é fácil e muitas duvidam que possam fazê-lo. Entretanto, utilizando um bastão de fala, cada uma conta sua experiência com o crime. Imagina o que a vítima do crime que cometeu poderia querer lhe dizer e o que ela gostaria de dizer em resposta.

As mulheres exploram juntas as suas experiências de transformação pessoal, de cura e gentileza, compartilhando seus sentimentos como nunca haviam feito antes. Encontram a si mesmas reconstruindo as suas relações e pedindo desculpas por conflitos anteriores que tiveram umas com as outras. Passam a ter um protagonismo na abertura e no encerramento do Círculo, trazendo as suas próprias reflexões para compartilhá-las com o grupo. Mesmo aquelas que estavam reticentes no início, concordam que o Círculo foi uma das melhores coisas que lhes aconteceu. Elas agora sonham em usar os Círculos para lidar com conflitos dentro da prisão e para enfrentar algumas questões familiares.[48]

Muitas das práticas restaurativas atuais não só tiveram origem nas comunidades fora da prisão como, quando usadas dentro da prisão, decorreram da iniciativa de gente de fora. Este fato tem feito com que muitas pessoas nas prisões questionem se tais práticas realmente estão disponíveis para elas. Se o papel do preso estiver limitado a esperar que alguém de fora venha a oferecê-las, ele se tornará apenas um receptor passivo da justiça restaurativa.

Se você não pode entrar em contato com a vítima:

- pague o ressarcimento;
- participe de programas;
- escreva uma carta para si mesmo assumindo a responsabilidade;
- faça uma doação para grupos de vítimas;
- ajude as vítimas que você conhece;
- participe de Grupos de Diálogo para vítimas ou de programas relacionados ao impacto da vitimização.

Este capítulo apresenta maneiras pelas quais os homens e as mulheres encarcerados podem dar início a práticas restaurativas nas prisões ao trabalhar com programas já existentes, tanto dentro como fora das prisões. Este capítulo termina explorando os limites das práticas restaurativas nas prisões e a ideia de "espaços restaurativos".

ENTRANDO EM CONTATO COM PROGRAMAS EXISTENTES

Muitos presos têm o desejo de se encontrar com as vítimas dos crimes que cometeram. Outros desejam começar um programa restaurativo. Eles podem atingir ambos os objetivos solicitando a atuação de algum programa já existente.

Solicitar um encontro com a vítima pode trazer benefícios e também riscos para ambos – o ofensor e a vítima. Profissionais capacitados e os programas em curso podem indicar a maneira mais segura de solicitar os encontros. Mas, antes de entrar em contato, leve em consideração as seguintes questões:

1. O que você deseja obter do encontro?
2. Como será se as suas expectativas não forem atendidas?
3. Como será se a vítima não quiser falar com você?
4. O que você espera da vítima? (Por exemplo, perdão?)
5. Suas expectativas são corretas e justas?

O facilitador do encontro vai determinar, com base em vários fatores, se é o caso ou não de entrar em contato com a vítima.

Alguns presos acabam por descobrir que há políticas e regras que os proíbem de entrar em contato as vítimas de seus crimes, mesmo por intermédio de programas existentes. Essas regras normalmente representam uma preocupação com a segurança da vítima e com o risco de revitimização. Em situações assim, o ofensor pode encontrar maneiras simbólicas e criativas de se responsabilizar e reparar os danos.

As pessoas na prisão podem também ser protagonistas na criação de práticas restaurativas que sirvam aos próprios presos, dentre outros. Ao convidar organizações da comunidade ou funcionários da prisão para se reunir com eles, os presos podem criar parcerias para desenvolver Grupos de Diálogo, Círculos de Apoio e Responsabilização, ou até mesmo programas de Diálogo Vítima-Ofensor. Os presos não precisam esperar que outros tomem essa iniciativa. Certamente há obstáculos a superar, mas com imaginação e perseverança, com retidão de propósito e contando com bons aliados, os próprios presos podem dar início a essas práticas.[49]

Para encontrar aliados, profissionais e programas restaurativos:
- converse com os funcionários da prisão e com outros presos;
- escreva para agências que trabalham com mediação e que apoiam ofensores e vítimas;
- procure na internet ou peça a alguém de fora para fazer isso para você;
- pesquise em livros, revistas e vídeos;
- solicite a um programa de outro estado uma indicação de algum programa local.

Use práticas restaurativas para lidar com:
- conflitos que envolvem presos e funcionários;
- crimes que acontecem dentro da prisão;
- relações e conflitos familiares;
- infrações disciplinares.

UTILIZANDO AS PRÁTICAS RESTAURATIVAS NA PRISÃO

A prisão é em si uma comunidade. Assim, as práticas restaurativas podem ser utilizadas para lidar com crimes e conflitos internos. Há quem sugira que a violência e os conflitos que acontecem dentro da prisão crescem diante da inexistência de uma justiça criminal centrada na restauração. Se for assim, essa é uma boa razão para usar a justiça restaurativa dentro dos muros da prisão.

Conflitos são comuns na prisão. Os detentos entram em choque uns com os outros e com os funcionários. Os funcionários têm conflitos entre si. Os Círculos podem atender a um conflito que abranja todo um pavilhão da prisão ou um departamento administrativo. A mediação pode ajudar em disputas que envolvem companheiros de cela ou colegas de trabalho. As práticas restaurativas trazem respostas a inúmeros outros conflitos sociais.

As mesmas categorias de participantes da justiça restaurativa já identificadas neste livro surgem quando os crimes ocorrem dentro da prisão. Assim, toda a gama de práticas restaurativas pode ser utilizada para atender às oito necessidades de justiça já mencionadas, de modo que as vítimas que estão dentro da prisão tenham acesso aos mesmos serviços básicos disponíveis para as que estão fora.

As práticas restaurativas podem ser úteis aos presos e aos seus parentes. Uma Conferência de Grupo Familiar pode reunir famílias para que façam acordos sobre os cuidados com as crianças. E também para preparar o retorno de um ente querido para casa. As Conferências são úteis para resolver conflitos familiares específicos que podem surgir durante o cumprimento da pena.

As práticas restaurativas oferecem respostas alternativas à punição quando uma regra é descumprida. Os Círculos promovem uma melhor compreensão das causas e dos efeitos do descumprimento da regra, e também ajudam a entender a razão de ser das próprias regras. Podem-se tomar decisões de cunho disciplinar em uma Conferência de Grupo Familiar, em que os familiares são convidados a falar do impacto da infração sobre si. Ambos os processos fazem com que aquele que quebrou a regra esteja ativamente engajado na formulação de uma resposta de cunho disciplinar.[50]

As pessoas presas podem, assim, ter um papel de liderança na propositura e no desenvolvimento desse tipo de programas nas prisões. Os aliados e os profissionais de alguns programas específicos relacionados à área criminal podem ser mobilizados na comunidade para ajudar nos programas nas prisões. Além disso, os presos podem usar essas práticas informalmente. Por exemplo, podem usar um processo circular em reuniões ou oferecer ajuda para que pessoas em conflito possam conversar umas com as outras.

"ESPAÇOS" RESTAURATIVOS

A utilização de práticas restaurativas na prisão pode trazer, para a instituição em si e para aqueles que ali vivem ou trabalham, um aspecto ou um elemento restaurador. Mesmo assim, uma prisão que use tais práticas não é uma "prisão restaurativa". Na realidade, não existe um lugar assim. Para ser integralmente restaurativa, uma prisão teria de oferecer mais do que práticas restaurativas. Teria de transformar seus objetivos, valores, cultura e mesmo a sua arquitetura. Uma transformação restaurativa promoveria uma mudança radical na imagem e na experiência da prisão. A prisão não seria mais uma "prisão" como a conhecemos hoje. A prática de justiça restaurativa na prisão inclui a transformação dos fundamentos e do papel da prisão, e possivelmente até substituiria sua própria existência. Uso a expressão "espaços restaurativos" para identificar lugares construídos sobre fundamentos restaurativos, cuja imagem seria um "quarto do bem", ambiente em que as pessoas presas se sintam seguras para assumir a responsabilidade pelos crimes cometidos e que lhes propicie uma experiência de restauração. Quando um grupo de homens presos foi convidado a imaginar um quarto assim, eles desenharam um lugar decorado e mobiliado com objetos como livros sobre ética, telefones, cadeiras confortáveis, portas e janelas, música, um aquário, plantas e vista para uma montanha. Este lugar simbolizava valores restaurativos tais como: respeito, relacionamento, segurança, conforto, comunicação, esperança e vida. Palavras como "santuário" ou "refúgio", usadas nesse trabalho de superação de trauma, também sugerem a natureza de um espaço restaurativo.[51]

Essas imagens e palavras sugerem que os espaços restaurativos criam um distanciamento temporário entre o ofensor e aqueles impactados por suas ações. Ao mesmo tempo, o ofensor permanece conectado a relacionamentos-chave que ajudam a atender as necessidades de justiça dos vários envolvidos. É possível conseguir isso, por exemplo, em um espaço localizado dentro da própria comunidade do ofensor, em que as relações do entorno são utilizadas para promover cura e responsabilização. No entanto, esses espaços não são apenas físicos – podem também ser de natureza relacional ou emocional. Por exemplo, um espaço restaurativo pode ser criado ao envolver o ofensor em relações seguras e fortes capazes de atender às suas necessidades de justiça; também pode também vir da promoção de um fórum de apoio em que o ofensor possa se curar e se fortalecer internamente.

> **Espaços restaurativos promovem:**
> - respeito, cuidado, confiança e humildade;
> - relacionamentos com os outros;
> - cura pessoal;
> - segurança;
> - responsabilidade;
> - autoestima e empoderamento pessoal;
> - responsabilidades mútuas;
> - independência, produtividade e postura construtiva;
> - compreensão e aceitação;
> - criatividade e positividade;
> - conexão com a natureza e espiritualidade;
> - tomada de decisões de forma responsável;
> - honestidade e abertura;
> - gentileza e amor;
> - não violência.

Existem poucos espaços restaurativos, se é que existem, utilizados no lugar de prisões. No entanto, há alguns exemplos promissores de um movimento inspirado por essa visão: algumas prisões possuem pavilhões especiais em que os moradores se comprometem a viver de forma restaurativa e a participar de programas restaurativos. Outras oferecem atividades como escalada ou jardinagem como formas de alimentar o bem-estar espiritual. Outras ainda criam unidades culturais especiais em que os presos podem aprender e praticar ensinamentos como parte de sua caminhada em direção à responsabilização e cura. E os funcionários da prisão que encaram o seu trabalho a partir de uma perspectiva restaurativa criam ambientes restaurativos em razão da qualidade de suas interações, tanto com os presos como com os outros funcionários.

A ideia de espaços restaurativos sugere que os relacionamentos são – em si – um caminho para se chegar à justiça, e não apenas uma coisa que se retoma depois que a justiça tenha sido feita ou depois de um período de confinamento. Como consequência, o sentido e a experiência tanto do livramento condicional como da reinserção social também mudariam. Uma vez que o ofensor não tenha abandonado os seus relacionamentos, os obstáculos para o livramento condicional e para a reinserção social poderiam desaparecer. A reinserção pode inclusive acontecer de forma tranquila.

A substituição das prisões por espaços restaurativos físicos, relacionais ou emocionais, pode parecer impossível. Para isso, a sociedade teria de abraçar valores restaurativos. E isso traz, então, a questão de como criar uma sociedade restaurativa. Acredito que uma sociedade assim começa com cada indivíduo. Agir de forma restaurativa, mesmo na prisão, influencia os outros. O próximo capítulo explora como viver de forma restaurativa com este objetivo.

12

Vivendo de forma restaurativa na prisão

Enquanto esteve preso, David frequentava serviços religiosos com regularidade. Um dia, na capela, ele viu José, o homem que assassinou o seu cunhado. José participava de um programa religioso na mesma prisão. David descobriu que José era um homem de profunda fé. Ele solicitou um encontro com José e percebeu que essa poderia ser, talvez, sua única oportunidade de encontrar respostas para as perguntas que ele, sua irmã e sua sobrinha vinham carregando por anos. Ele viu a si mesmo como um embaixador de sua família.

Apoiado por um companheiro da prisão e orientado por um funcionário treinado como facilitador de justiça restaurativa, David e José se encontraram para conversar sobre o que havia acontecido. Na reunião, David levou uma mensagem para José que havia sido escrita por sua irmã, esposa do homem que José havia assassinado. David disse para José que sua irmã "acredita que o perdão é uma coisa poderosa, e quer que você saiba que ela te perdoa por ter matado o seu marido". José ficou sem palavras. Finalmente disse: "Não sei o que fazer com isso... não sei o que dizer..."

Depois de alguns minutos, ele se levantou, deu a volta e levantou a camiseta, revelando uma grande tatuagem feita na prisão que ia de um lado a outro das suas costas.

Ali estava escrito "IMPERDOÁVEL". José sentou-se de novo, apenas dizendo que tinha muita coisa para pensar. Depois daquele encontro, ambos, David e José, refletiram sobre essa experiência transformadora em suas vidas.[52]

A forma como o sistema de justiça criminal funciona sugere que as pessoas são descartáveis. Suas experiências, seus sentimentos e seus relacionamentos não são dignos de atenção. Nossa humanidade compartilhada é considerada irrelevante. A justiça criminal nasce da ruptura da rede de relacionamentos na sociedade, e perpetua essa ruptura. Será que a mudança do sistema de justiça produziria uma mudança da sociedade? Os defensores da justiça restaurativa frequentemente dizem que sim.

> Aja como você **deve** e não como os outros **querem**.

A justiça restaurativa oferece uma maneira de transformar a sociedade. Afinal, se os ofensores e as vítimas merecem respeito, todos merecem respeito. Se as pessoas impactadas pelo crime são importantes, todos na comunidade são importantes. A justiça restaurativa promove a mudança social e fortalece a rede de relacionamentos.

No entanto, a justiça restaurativa não é o único elemento para a mudança social. O fortalecimento, ou a reconstrução, do senso de comunidade requer que as pessoas estejam comprometidas com os princípios e valores da justiça restaurativa. Assim, a justiça restaurativa é uma forma de viver.

Viver de forma restaurativa é um convite para agir como se já vivêssemos em uma forte rede de relações. Assim, tratamos os outros da forma como gostaríamos de ser tratados. Agimos de forma correta, como devemos agir, mesmo quando enfrentamos o desrespeito, malfeitos ou danos. Para quem acredita nessa filosofia, viver de forma restaurativa é levar o discurso à prática, caminhando conforme as palavras.

Viver de forma restaurativa na prisão – como a justiça restaurativa na sociedade como um todo – vai na contramão da cultura vigente. Ainda assim, optar por viver de forma restaurativa tem o potencial de influenciar os outros na prisão, bem como a cultura prisional em si. Tais mudanças, do lado de dentro, podem, por sua vez, influenciar a comunidade do lado de fora. Há muitas pessoas na prisão que criam – ainda dentro dos muros – a comunidade em que desejam viver. Muitas têm acesso ao lado de fora dos muros por intermédio do trabalho, participação em comitês, vida pessoal e formação educacional, e assim, transformam indivíduos e comunidades.

Este capítulo aborda seis caminhos para viver de forma restaurativa dentro da prisão, bem como a importância deste tipo de vida para o benefício de toda a sociedade.

> **Benefícios pessoais de uma vida restaurativa**
> - Paz interior e liberdade
> - Poder pessoal
> - Força através de relacionamentos seguros
> - Identidade pessoal consistente
> - Distanciamento do "drama" da prisão
> - Respeito

1. Entrando no "caminho da cura"

Com muita frequência, não tratamos a nós mesmos com respeito e gentileza. Para viver de forma restaurativa é preciso cuidar-se de si mesmo e entrar no "caminho da cura". Neste caminho, o indivíduo olha para a sua própria vida, para os caminhos percorridos e para onde quer ir, e então faz o que é necessário para caminhar em direção às suas expectativas e propósitos pessoais.

Aquele que se encontra no caminho da cura encara e lida com experiências dolorosas, liberando tudo o que estiver impedindo o seu progresso. Isso pode significar abrir mão da vergonha, da culpa ou das justificativas pelas experiências passadas, e também deixar para trás os sistemas de crença que sustentam a imagem do "cara durão" e da expressão violenta da força.

Cura não significa fraqueza nem significa estar disposto a sofrer possíveis danos. Ao contrário, a pessoa se fortalece de forma a poder reconhecer a humanidade do outro.

> **Ideias para entrar no caminho da cura**
>
> - Trate a si mesmo com respeito e enxergue o seu próprio valor e bondade.
> - Encontre o seu poder pessoal e assuma o controle sobre a sua vida.
> - Aceite a responsabilidade pelo crime que você cometeu e por outros comportamentos.
> - Encare e lide com as situações em que você foi vítima e foi ferido por outras pessoas.
> - Encontre relações seguras, que forneçam apoio.
> - Encare seus próprios sentimentos e encontre uma forma de expressá-los.
> - Veja o ódio e a raiva mal resolvidos como forças destrutivas.
> - Explore a espiritualidade e o perdão, inclusive o autoperdão.

2. Adotando valores restaurativos

Todos os dias temos incontáveis oportunidades de nos relacionar uns com os outros – no trabalho, na escola, na fila do restaurante, no pavilhão, durante as reuniões de comitê, nas visitas de familiares e amigos. Cada interação desafia o indivíduo a adotar e praticar valores restaurativos de **respeito, cuidado, confiança** e **humildade**.

O **respeito** requer um comprometimento pessoal de escuta, compreensão e validação do outro, mesmo daqueles de quem não gostamos. Demonstramos **cuidado** quando aceitamos a ideia de responsabilidade mútua com os outros e pelos outros. Quem vive com **confiança** não é somente honesto, mas também faz com que emerja o melhor de cada um. A **humildade** faz com que o indivíduo admita os seus próprios erros e que peça ajuda quando necessário. Por fim, uma vida guiada por valores restaurativos é livre de violência, medo e manipulação.

Ideias para praticar valores restaurativos

- Ouça mais e fale menos.
- Pratique atos aleatórios de gentileza.
- Abstenha-se de fazer fofoca, de política pessoal, de interesses ocultos, de traições.
- Seja um líder colaborativo.
- Viva em um caminho mais elevado e conceda às pessoas o benefício da dúvida.
- Pratique a não violência.

A prática de valores restaurativos se estende aos profissionais do sistema de justiça e aos funcionários da prisão. Como companheiros humanos, todos merecem ser tratados com o mesmo respeito, cuidado, confiança e humildade que cada um deseja para si próprio. Viver inspirado por valores restaurativos não significa que você tenha de gostar de alguém ou gostar do que ele fez. Simplesmente significa lembrar que existe uma humanidade compartilhada e agir de acordo com isso.

3. Criando um "santuário"

Todo dia as pessoas presas experimentam o estresse da vida na prisão. Muitas criam seus próprios santuários pessoais que lhes oferecem um refúgio temporário da prisão. Esses espaços físicos ou emocionais fazem com que seja possível lidar com o estresse decorrente do encarceramento de maneira saudável, ao invés de descontá-lo em si mesmo ou nos demais.

Uma mudança na forma de reagir à vida na prisão tem o potencial de transformar inteiramente a experiência que os outros têm na prisão. Com um santuário pessoal, um indivíduo pode se transformar em um refúgio para os demais. Tal indivíduo passa a ser alguém que inspira segurança e confiança, com quem se pode contar. Ele ou ela se torna um modelo de como estabelecer relações saudáveis. O impacto é sentido na extensão de toda a rede da vida prisional.

Ideias para criar um santuário

- Desenhe ou imagine um lugar seguro e sereno. Vá para essa imagem sempre que você se sentir ferido.
- Medite e pratique a respiração profunda.
- Escute música relaxante com fones de ouvido.
- Aproveite aqueles momentos em que você está sozinho.
- Crie um mantra (uma frase com 7 a 10 sílabas) que proporcione a você uma sensação de calma ao ser repetido.
- Encontre um objeto que represente o seu caminho de cura. Use-o em momentos de reflexão para se sentir encorajado.

4. Caminhando ao lado dos ofensores

Quem está na prisão vive, dia após dia, ao lado de outros infratores. Todos foram condenados por terem causado dano a alguém. Alguns continuam a fazer isso, de forma criminosa, durante o cumprimento de suas penas. E, pela própria natureza humana, quase todo mundo faz coisas que ferem os outros, com ou sem intenção.

Seja lá o que tenha feito, o ofensor tem a responsabilidade de encarar o seu ato. Quer esteja desqualificando alguém em uma reunião ou repreendendo duramente o cônjuge que deixou de fazer uma visita, o "ofensor" deve assumir a sua responsabilidade. Isso significa praticar a humildade ao admitir que a sua ação feriu a outra pessoa, mesmo que tenha havido algum mal-entendido sobre o ocorrido.

As pessoas também têm a chance de caminhar ao lado daqueles que causaram dano aos outros. Por exemplo, faça que seja responsabilizado quem atacar alguém em seu pavilhão. Se alguém estiver espalhando uma "fofoca", faça com que pare. Escute aquela pessoa que está brava porque não recebeu visita e ajude-a a escrever uma carta para os seus familiares em termos que não sejam ofensivos.

> **Ideias para caminhar ao lado de ofensores**
> - Reconheça os danos que causou.
> - Admita quando suas ações feriram outras pessoas seja na vida social ou em família.
> - Encontre alguma coisa positiva em alguém que prejudicou você.
> - Escreva uma carta pedindo perdão a alguém que você tenha magoado.
> - Responsabilize-se e assuma um novo compromisso.
> - Afaste-se das brigas.

5. Caminhando ao lado das vítimas

Para caminhar ao lado das vítimas de um crime, que vivem tanto dentro como fora das prisões, é preciso lembrar-se de quem foi vítima do seu próprio crime. É preciso também estar disponível para outras vítimas, inclusive a família, se ela for vítima de um crime. Considerando que nem todos os danos são de natureza criminal, viver de forma restaurativa também inclui estar disponível para ajudar o outro quando ele é ferido de uma maneira que não caracteriza um crime.

Responsabilização e "estar disponível" são atitudes que se sobrepõem. Por exemplo, os esforços feitos para que tanto as vítimas como a comunidade sejam compensadas têm o duplo efeito de consertar as coisas e de criar uma comunidade em que outras pessoas não sejam vitimizadas. Escutar, sem julgamento, um amigo que se sentiu desrespeitado por alguém vai ajudá-lo a lidar com a agressão que sofreu e talvez o impeça de agredir outra pessoa em retaliação. Doar dinheiro ou suprimentos para uma organização de apoio a vítimas é uma forma simbólica de reparação e assegura os recursos para que a organização possa auxiliar a sua própria família, caso ela venha a ser vitimizada.

Ideias para caminhar ao lado das vítimas

- Diga: "Sinto muito que isso tenha acontecido com você".
- Escute sem julgamento.
- Pague a indenização.
- Se um membro da sua família for vítima de um crime, faça a conexão dele ou dela com uma organização que preste assistência às vítimas.
- Não se vingue caso alguém o ofenda.
- Crie uma cadeia de favores.

Talvez não seja possível desfazer o crime ou as ações que causaram danos. Mas criar uma "corrente de favores"[53] é uma compensação simbólica e promove apoio mútuo.

6. Caminhando ao lado da família dos ofensores

A família ocupa o pensamento da maior parte dos que estão presos. Normalmente, ela está do lado de fora, mas em alguns casos, parentes cumprem pena juntos. Muitos criam uma "família" dentro da prisão. Alguns indivíduos cometeram seus crimes contra membros de sua família. Um dos pilares de uma vida restaurativa é compreender, construir e manter saudáveis os laços de parentesco.

O primeiro passo para caminhar ao lado da família é ter uma conversa sincera, de coração a coração, sobre o impacto causado a ela pelo crime e pela imposição de uma pena de prisão. Escute, mesmo quando for difícil. Comprometa-se com uma vida em família agora. Quando estiver pronto, pode se abrir e falar sobre coisas que aconteceram no meio familiar em tempos passados e que demandam responsabilização.

Também é importante desfrutar e aproveitar a convivência em família. Viver de forma restaurativa inclui se interessar pelos familiares e dar às pessoas que estão fora da prisão liberdade para que conduzam a sua própria vida de forma satisfatória.

É particularmente importante demonstrar amor pelas crianças e lhes dar a certeza de que não são responsáveis pelo crime e nem pela prisão. Os relacionamentos requerem comunicação constante. Escreva com frequência, mesmo no caso de as crianças não estarem recebendo as cartas. Trabalhe para ter uma boa relação com quem toma conta delas.

> **Ideias para caminhar
> ao lado das famílias dos ofensores**
>
> - Escreva uma carta pedindo perdão à sua família.
> - Envie cartas, cartões, presentes e dinheiro.
> - Inclua seus filhos e outros membros da família nas decisões que os afetam.
> - Evite culpar seus familiares caso percam uma visita ou deixem de fazer uma ligação.
> - Faça uma aula de comunicação e utilize as habilidades que aprendeu com a sua família.
> - Dê à sua família e a si mesmo permissão para ser feliz.
>
> *Caso sua família seja também a sua vítima, pode ser prejudicial escrever, ligar ou qualquer forma de comunicação. Respeite-a e lembre-se de que eles são vítimas com necessidades únicas para sua própria cura.

Um modo de vida restaurativo é ser você o pai ou a mãe que sempre quis e também ser o filho ou a filha com que seus pais sempre sonharam.

VIVER DE FORMA RESTAURATIVA PELO BEM COMUM

Justiça restaurativa é uma forma de fazer justiça que inclui ativamente todas as pessoas impactadas pelo crime – ofensores, vítimas, suas famílias e comunidades. O objetivo é respeitar e restabelecer cada um como indivíduo, restaurar as relações e contribuir para o bem comum. Um sistema de justiça plenamente restaurativo, que ofereça uma diversidade de práticas restaurativas, requer uma mudança social profunda. Tal mudança significa o retorno a uma rede de relacionamentos fortes.

Acredito que o compromisso individual com a justiça restaurativa promova essa transformação social, pois quando agimos de forma restaurativa, adotamos uma maneira de viver que constrói relacionamentos e promove o bem comum. Esta abordagem muda o jeito como os outros reagem. Assim, toda a rede de relacionamentos começa a se reinventar em razão dessa reciprocidade.

Essa reinvenção promove sociedades mais igualitárias, justas e mutuamente responsáveis. Em uma sociedade restaurativa, todos têm acesso a segurança, poder, relacionamentos, segurança financeira, assistência médica e oportunidades significativas de trabalho e lazer. Já não se cometem crimes, já não há mais vítimas.

No entanto, ninguém pode forçar o outro a mudar. Tampouco pode forçar o sistema. Há momentos em que o ativismo organizado é necessário para incentivar a transformação. O ativismo restaurativo ocorre quando pessoas e organizações comprometidas com a justiça restaurativa se unem para transformar todo o sistema, e não apenas os indivíduos e as relações interpessoais. A almejada transformação do sistema respeita as experiências e as necessidades de cada um e de todos os que participam da justiça restaurativa.

Viver os valores da justiça restaurativa é uma escolha pessoal que carrega em si o potencial da criação de uma sociedade restaurativa. O percurso é desafiador, na medida em que exige muito de cada um individualmente considerado, dos relacionamentos e da sociedade como um todo. No entanto, as mulheres e os homens encarcerados podem, de dentro das prisões, ajudar e apontar o caminho.

NOTAS

1. Para mais informações sobre a Pennsylvania Prison Society, ver www.prisonsociety.org/. Acesso em: 2 out. 2019.

2. David Cayley, *The Expanding Prison*. Cleveland, OH: The Pilgrim Press, 1998, p. 215-217; e Brian Caldwell, *The Record*, July 8, 2002.

3. Azim Khamisa, *From Murder to Forgiveness*. La Jolla, CA: Ank Publishing, Inc., 2002, p. 90.

4. Kay Pranis, "Not in My Backyard", *Conciliation Quarterly*, Summer 2001.

5. James Gilligan oferece uma perspectiva interessante sobre "violência como forma de justiça" em *Preventing Violence*. New York: Thames and Hudson, Inc., 2001.

6. Howard Zehr, considerado um dos pioneiros da justiça restaurativa, foi uma grande influência ao apontar essas questões e as da justiça restaurativa. Esse trabalho que rompeu paradigmas é *Trocando as Lentes: Justiça Restaurativa para o nosso tempo*. São Paulo: Palas Athena, 2012 (1ª ed.) e 2018 (edição de 25° aniversário). Ver também *Justiça Restaurativa*. São Paulo: Palas Athena, 2012 e 2016 (edição ampliada e atualizada).

7. *A Body in Motion*, escrito e dirigido por Ingrid De Sanctis, baseado no livro de Howard Zehr, *Transcending: Reflections of Crime Victims*. Intercourse, PA: Good Books, 2001. O tour do espetáculo foi um projeto da Pennsylvania Prison Society.

8. Para mais informações sobre a experiência de Hollow Water, ver também o vídeo *Hollow Water* (National Film Board of Canada) e Rupert Ross, *Returning to the Teachings: Exploring Aboriginal Justice*, New York: Penguin Books, 1996.

9. Dois trabalhos que exploram "hospitalidade" e "acolhimento" são: o de Miroslav Volf, *Exclusion and Embrace: A Theological Exploration of Identity, Otherness, and Reconciliation*, Nashville: Abingdon Press, 1996; e o capítulo de George Pavlich, "What are Dangers as Well as the Promises of Community Involvement?" em *Critical Issues in Restorative Justice*, eds. Howard Zehr e Barb Toews, Monsey, NY: Criminal Justice Press, 2004.

10. *Beyond the Walls – The Road to Redemption* foi escrito e dirigido por Teya Sepinuck de TOVA, programa de teatro que dá voz aos que não têm voz. Disponível em: https://vimeo.com/22875528. Acesso em: 3 out. 2019.

11. A palavra "história" tem significados diferentes para cada um. Pode se referir a mentiras, dizendo que alguém diz o que o outro quer ouvir, ou colocando máscaras para esconder os verdadeiros pensamentos e sentimentos. Se o termo "história" não lhe ressoa, use outra palavra para expressar a imagem de falar a partir do coração.

12. Do Office of the Victim Advocate [Escritório de Apoio à Vítima], Harrisburg, Pensilvânia.

13. Para um debate mais completo sobre a experiência da vítima, ver Zehr, *Transcending: Reflections of Crime Victims*. Intercourse, PA: Good Books, 2001.

14. Ver Azim Khamisa, *From Murder to Forgiveness*, La Jolla, CA: Ank Publishing, Inc., 2002, p. 1.

15. Ver Howard Zehr, *Transcending: Reflections of Crime Victims*. Intercourse, PA: Good Books, 2001, p. 36.

16. Ibid., p. 126.

17. Ver Khamisa, *From Murder to Forgiveness*, p. 80.

18. Ver Zehr, *Transcending*, p. 115.

19. Ibid., p. 14.

20. Ibid., p. 34.

21. Ibid., p. 50.

22. Da Pennsylvania Prison Society, Day of Responsibility, em colaboração com o Department of Corrections; State Correctional Institution (SCI) – Dallas L.I.F.E. Association; e SCI-Retreat Community Development Organization.

23. Ver Howard Zehr, *Doing Life: Reflections of Men and Women Serving Life Sentences*. Intercourse, PA: Good Books, 1996, p. 73.

24. Sentimento dos presos que frequentemente escuto em meu trabalho na Pennsylvania Prison Society.

25. Ver Zehr, *Doing Life*, p. 88.

26. De *Beyond the Walls – The Road to Redemption*.

27. Ver Zehr, *Doing Life*, p. 114-115.

28. Ibid., p. 22.

29. Sentimento dos presos que frequentemente escuto em meu trabalho na Pennsylvania Prison Society.

30. Ver Zehr, *Doing Life*, p. 50.

31. Ibid., p. 50.

32. De Transitional Conferencing [Conferência de Transição] e Minnesota Department of Corrections [Departamento Correcional de Minnesota]. Para saber mais sobre Conferências de Transição, ver http://www.transitionalconferencing.org e https://mn.gov.doc/. Acesso em: 2 out. 2019.

33. Ver *A Sentence of Their Own*, documentário de Edgar A. Barens, 2001.

34. Ibid.

35. Ver Ann Adalist-Estrin e Jim Mustin, *Responding to Children and Families of Prisoners: A Community Guide*. Family & Corrections Network, 2003.

36. Ver *When the Bough Breaks: Children of Mothers in Prison*, documentário da Filmakers Library, 2001.

37. Sentimento dos presos que escuto com frequência em meu trabalho na Pennsylvania Prison Society.

38. Sentimento dos presos que escuto com frequência em meu trabalho na Pennsylvania Prison Society.

39. Ver San Francisco Children of Incarcerated Parents Partnership, Children of Incarcerated Parents: A Bill of Rights (2003, revised Summer 2005). Disponível em: www.sfcipp.org/resources. Acesso em: 2 out. 2019.

40. Suzette, esposa e mãe de presos, contou esta experiência *em Beyond the Walls – The Road to Redemption*.

41. Para mais informação sobre os encontros presenciais, ver Victim-Offender Mediation Association, disponível em: www.voma.org, acesso em: 2 out. 2019, e o European Forum for Victim-Offender Mediation and Restorative Justice, disponível em: www.euforumrj.org, acesso em: 2 out. 2019.

42. Ver Kay Pranis, Barry Stuart, and Mark Wedge, *Peacemaking Circles: From Crime to Community*. St. Paul, MN: Living Justice Press, 2003, p. 78-79. E para mais informação sobre Círculos, ver também Kay Pranis, *Processos Circulares de Construção de Paz*. São Paulo: Palas Athena, 2010.

43. Ver Allan MacRae e Howard Zehr, *The Little Book of Family Group Conferences: New Zealand Style*, Intercourse, PA: Good Books, 2004, p. 62-64. [*Conferências de Grupos Familiares: Modelo de Nova Zelândia*. São Paulo: Palas Athena, 2019.] Esse livro traz explicações mais completas sobre Conferências de Grupo Familiar.

44. Esta história é do Office of the Victim Advocate, Mediation Program for Victims of Violent Crime [Escritório de Apoio à Vítima, do Programa de Mediação para Vítimas de Crimes Violentos] em Harrisburg, Pensilvânia. Para mais informações sobre mediação, ver

Meeting with a Killer: one family's journey, Lucky Duck Productions, e *Beyond Conviction,* de Tied to the Tracks Film, Inc, e Lorraine Stutzman Amstutz e Howard Zehr, "Victim-Offender Conferencing in Pennsylvania's Juvenile Justice System", disponível em https://emu.edu/cjp/docs/rjmanual.pdf. Acesso em: 5 out. 2019.

45. De Kirk Blackard, *Restoring Peace: Using Lessons from Prison to Mend Broken Relationships.* Victoria, BC: Trafford Publishing, 2004. Para mais informações sobre Grupos de Diálogo, ver: *Restoring Peace Offender Study Guide;* o Sycamore Tree Project, programa do Prison Fellowship International Centre for Justice and Reconciliation [Centro Internacional de Companherismo na Prisão para a Justiça e Reconciliação]; e Citizens, Victims, Offenders Restoring Justice Project [Projeto de Justiça para Cidadãos, Vítimas e Ofensores], projeto da Universidade de Minnesota para a Justiça Restaurativa e Conciliação.

46. Da Community Justice Iniciatives em Waterloo, Ontário, programa que dá assistência a mulheres que estão fazendo transição da prisão à comunidade. Para mais informação, ver site do Correctional Services Canada www.csc-scc.gc.ca/; e o vídeo *No One is Disposable: Circles of Support and Accountability,* disponível em: www.youtube.com/watch?v=RjioXpUk1Z4. Acesso em: 5 out. 2019.

47. Para mais informação, ver MacRae e Zehr, *Conferências de Grupos Familiares.*

48. Usado com permissão do Minnesota Department of Corrections, Circle of Healing, Minnesota Correctional Facility, Shakopee, Minn.

49. Para informação sobre como organizar todas as tarefas necessárias para começar um processo de justiça restaurativa, em especial mediação, ver Susan Sharpe, *Restorative justice: A Vision for Healing and Change.* Edmonton, AB: Mediation and Restorative Justice Center, 1998. Também é útil para quem está dentro da prisão.

50. Muito do material sobre disciplina restaurativa está dentro de escolas. Porém, tem implicações na prisão. Para mais informações, ver Lorraine Stutzman Amstutz e Judy Mullet, Disciplina Restaurativa para Escolas. São Paulo: Palas Athena, 2012.

51. Ver Sandra Bloom, *Creating a Sanctuary: Toward an Evolution of Sane Societies*, New York: Routledge, 1997, e Judith Herman, *Trauma and Recovery*, New York: BasicBooks, 1997.

52. Usado com permissão do Minnesota Department of Corrections.

53. A premissa da "cadeia de favores" é que nem sempre você consegue pagar as dívidas diretamente, mas é sempre possível que você demonstre sua gratidão ou promova reparação ajudando outra pessoa que precise de sua ajuda. Ver Catherine Ryan Hide, *Pay it Forward*, New York: Pocket Books, 2004, ou o filme com o mesmo nome da Warner Bros.

LEITURAS SELECIONADAS

Blackard, Kirk. *Restoring Peace: Using Lessons from Prison to Mend Broken Relationships*. Victoria, BC: Trafford Publishing, 2004.

Breton, Denise e Stephen Lehman. *The Mystic Heart of Justice: Restoring Wholeness in a Broken World*. West Chester, PA: Chrysalis Books, 2001.

Casarjian, Robin. *Houses of Healing: A Prisoner's Guide to Inner Power and Freedom*. Boston: The Lionheart Foundation, 1995.

Gilligan, James. *Preventing Violence*. New York: Thames and Hudson, 2001.

Herman, Judith. *Trauma and Recovery: The Aftermath of Violence – from Domestic Abuse to Political Terror*. New York: Basic Books, 1997.

McCaslin, Wanda, ed. *Justice as Healing: Indigenous Ways: Writings on Community Peacemaking and Restorative Justice from the Native Law Centre*. St. Paul: Living Justice Press, 2005.

Pranis, Kay, Barry Stuart, e Mark Wedge. *Peacemaking Circles: From Crime to Community*. St. Paul: Living Justice Press, 2003.

Ross, Rupert. *Returning to the Teachings: Exploring Aboriginal Justice*. New York: Penguin Books, 1996.

Zehr, Howard. *Trocando as Lentes: Justiça Restaurativa para o nosso tempo*. São Paulo: Palas Athena. Edição de 25º aniversário, 2018.

Zehr, Howard. *Doing Life: Reflections of Men and Women Serving Life Sentences.* Intercourse, PA: Good Books, 1996.

_____. *Transcending: Reflections of Crime Victims.* Intercourse, PA: Good Books, 2001.

Ver, em Notas, outros livros, vídeos e recursos da Internet.

Para web sites de Justiça Restaurativa e uma ampla gama de recursos, consulte http://restorativejustice.org/. Acesso em: 3 out. 2019.

Os seguintes livros da série Da Reflexão à Ação, publicados pela Palas Athena, podem ser úteis:

– *Justiça Restaurativa,* de Howard Zehr.
– *Conferências de Grupos Familiares,* de Allan MacRae e Howard Zehr.
– *Processos Circulares de Construção de Paz,* de Kay Pranis.
– *Disciplina Restaurativa para Escolas,* de Judy H. Mulet e Lorraine Stutzman Amstutz.
– *A Cura do Trauma: quando a violência ataca e a segurança comunitária é ameaçada,* de Carolyn Yoder.

SOBRE A AUTORA

Barb Toews é gerente de programas na Pennsylvania Prison Society, onde ela cria e facilita inúmeros projetos de justiça restaurativa, incorporando esta filosofia aos programas voltados para ofensores. Ela também colabora com homens e mulheres na prisão para que possam desenvolver seus próprios programas restaurativos.

Fundou e dirigiu o Programa de Reconciliação Vítima-Ofensor da região de Lancaster, PA. Com mais de catorze anos de experiência, ela capacitou e formou profissionais de justiça restaurativa. Trabalhou em campo com justiça restaurativa e foi mediadora de encontros vítima-ofensor.

Publicou vários artigos sobre justiça restaurativa e coeditou com Howard Zehr a antologia intitulada *Critical Issues in Restorative Justice* [Pontos Críticos em Justiça Restaurativa]. Monsey, NY: Criminal Justice Press, 2004.

Barb é mestre em transformação de conflitos pela Eastern Mennonite University de Harrisonburg, VA.

# OBRAS DA PALAS ATHENA EDITORA
SÉRIE DA REFLEXÃO À AÇÃO

A Cura do Trauma
Carolyn Yoder

    Esta obra elucida os porquês dos ciclos viciosos criados a partir de traumas não curados, e nos convida a perceber o trauma como uma oportunidade de transformação. A jornada de cura do trauma passa pelo devido vivenciar do pesar e do luto, e não por sua supressão. O reconhecimento da vulnerabilidade humana precisa ser respeitado para seguirmos adiante de maneira construtiva e significativa. Do âmbito individual às mais amplas ideias de coletividade, a concretização da justiça e da segurança depende desse cuidado e dessa cura, para que o sentido da vida seja regenerado e os laços sociais restaurados.

Conferências de Grupos Familiares
Allan MacRae e Howard Zehr

    As Conferências de Grupos Familiares são a primeira instância para lidar com as transgressões juvenis e os problemas de bem-estar da criança na Nova Zelândia. Desde sua introdução, elas foram adotadas em vários outros locais pelo mundo inteiro para tratar das questões da infância e da juventude, da disciplina escolar e da justiça criminal (tanto para adultos como para crianças). Este livro descreve a metodologia básica e a mecânica desta abordagem, bem como suas vantagens e resultados.

Construção Estratégica de Paz
Lisa Schirch

Todos desejamos um mundo mais pacífico – sem guerras, sem pobreza, sem racismo, sem disputas na comunidade, sem tensões no ambiente de trabalho, sem brigas conjugais. Neste livro tão oportuno, a autora nos direciona a tais realidades, conduzindo-nos por um caminho que transcende a ausência de conflito. Prevê uma paz sustentável, que não abre mão da justiça. Como chegar lá? A autora selecionou quatro ações vitais para que a paz se estabeleça em todos os níveis. Sua estratégia clara e incisiva incentiva a adoção de muitas abordagens em prol da paz, sempre com uma análise cautelosa da situação e do momento.

Diálogo para Assuntos Difíceis
Lisa Schirch e David Campt

A palavra "diálogo", devido ao uso indiscriminado, perdeu sua potência, mas a prática do diálogo é uma experiência viva, transformadora, que amplia repertório e nos enche de esperança. Neste manual claro, direto e absorvente, os autores demonstram como o diálogo ajuda as pessoas em conflito a ouvirem umas às outras, estabelecerem um terreno em comum e explorarem suas diferenças num ambiente seguro. Diferente da discussão e do debate, esta metodologia permite conhecer os diversos lados de uma questão, dando a todos os envolvidos a oportunidade de se familiarizar com a situação através da ajuda de um mediador.

Disciplina Restaurativa para Escolas
Judy H. Mullet e Lorraine Stutzman Amstutz

Obra de grande aplicação prática e clareza conceitual das ferramentas da Justiça Restaurativa, de experiências bem-sucedidas das Escolas Pacificadoras e metodologias aplicadas em várias partes do mundo para enfrentarmos com eficácia o *bullying* ou assédio moral escolar, baixo rendimento acadêmico, vandalismo, abandono escolar e outros conflitos que aparecem nesse ambiente.

Encontros Vítima-Ofensor
Lorraine Stutzman Amstutz

Os encontros vítima-ofensor, fundados nos princípios da Justiça Restaurativa, foram uma verdadeira revolução na forma de tratar ilícitos, responsabilizar os autores e atender às necessidades das vítimas.

Produziram resultados positivos para todos os envolvidos, e contribuíram para o empoderamento de comunidades. Não por acaso, tornaram-se uma das estratégias mais utilizadas pelas iniciativas de Justiça Restaurativa pelo mundo. Esta obra é um guia para todos aqueles que desejam trabalhar nesse campo.

Justiça Restaurativa
Howard Zehr

A Justiça Restaurativa firmou-se nas últimas décadas como prática inovadora. Vê os crimes como violações de pessoas e suas relações humanas, que acarretam a obrigação de reparar os danos e males que afetam não apenas vítima, ofensor e seus grupos de pertença, mas toda a sociedade – pois, com o rompimento do tecido social, o enfraquecimento dos laços comunitários engendra violações futuras.

Justiça Restaurativa em Casos de Abuso Sexual
Judah Oudshoorn, Lorraine Stutzman Amstutz e Michelle Jackett

Esta obra descreve os impactos do abuso sexual, analisa as causas do crime sexual e demonstra como a justiça restaurativa pode gerar esperança depois do trauma. Ela contempla o tratamento da Justiça Restaurativa nos casos de abuso sexual. Ao invés de oferecer um modo ou detalhar programas fixos, procura mapear possibilidades.

Justiça Restaurativa na Educação
Autoras: Katherine Evans e Dorothy Vaandering

Um guia de justiça e construção de paz para criar escolas saudáveis e equitativas. Muito mais do que uma reação a danos ou transgressões, a Justiça Restaurativa cria uma cultura relacional, nutrindo as interconexões e os vínculos de cuidado e responsabilidade mútua e coletiva. É a alternativa inteligente à política de tolerância zero – que perpetua a apatia estudantil, a desigualdade e a linha direta escola-prisão. Esta obra orienta o desenvolvimento e a consolidação da Justiça Restaurativa na escola.

Processos Circulares de Construção de Paz
Kay Pranis

Uma metodologia de diálogo com qualificação da escuta e formação de consenso. Utilizada com grande eficácia e em várias partes do mundo: no sistema judicial para sanar danos ocasionados por delitos; nas escolas para criar um ambiente positivo em sala de aula e resolver problemas de comportamento; nos locais de trabalho para lidar com conflitos; e no serviço social para desenvolver sistemas de apoio mais orgânicos e eficientes.

Transformação de Conflitos
John Paul Lederach

Uma abordagem prática de mudança. Sem se deixar levar por idealismos não aplicáveis no mundo real, Lederach descortina as amplas possibilidades da transformação de conflitos e mostra que sua aplicação prática requer "tanto soluções imediatas quanto mudanças sociais". Ela não trata apenas de "como terminar algo que não desejamos", mas também de "como terminar algo destrutivo e construir algo desejado".

Transformar Comunidades
David Anderson Hooker

Sendo seres culturais, nossas vidas ganham sentido pela harmonização das nossas histórias – individuais e comunitárias – com as grandes narrativas que nos envolvem sem que percebamos sua existência. Com frequência, essas grandes narrativas perpetuam traumas e contribuem com a sustentação da violência. A proposta da Conferência Comunitária Transformativa é oferecer uma ambiência acolhedora e respeitosa, e ali explorar as origens das grandes narrativas e as causas dos episódios traumáticos para, então, encontrar narrativas alternativas e possibilidades de transformação e de construção de novos significados.

FSC www.fsc.org
MISTO
Papel produzido a partir de fontes responsáveis
FSC® C133282

GRÁFICA PAYM
Tel. [11] 4392-3344
paym@graficapaym.com.br

Texto composto em Versailles LT Std.
Impresso em papel Pólen Soft 80g na Gráfica PAYM.